Ⅱ　マイホームを取得・購入・増改築された方

はじめに

　人生の一大イベントともいえるマイホームの購入、売却または住替え（売却⇒購入）、これらのイベントには必ずと言っていいほど税金の問題が関係してきます。

　自主申告制度を採用しているわが国では、マイホームの購入に係る両親等からの資金援助《住宅取得等資金の贈与》、マイホーム購入のための住宅ローンに関する税額控除《住宅ローン控除》、マイホームの売却による売却益の免除《３，０００万円特別控除》または売却損の繰延べ《譲渡損失の繰越控除》等の各種居住用財産の税金上の特典を受けるためには、自分自身で確定申告書を作成し提出することが必要となります。（税理士に依頼することも勿論可能です）。

　しかし、一般のサラリーマンの方にとってこのような申告は、一生に何度も経験することではなく、多い方でも２、３回というところです。よって、一般的には非常に不慣れで面倒な手続だと考えられています。特にはじめて申告される方にとっては、申告する場所、時期、内容（税金上の特典の種類）、必要書類の確認や作成等のすべてが初めてなので、申告手続が終わるまでに大変長い時間と労力を要してしまいます。（必要書類が揃わずに、税務署に何度も足を運ぶことも多いようです。）

　そこで、本書では、みなさまのマイホームの購入や売却等のケースに応じて、どのような居住用財産の税金上の特例《特典》が適用できるのか、またその申告の際にはどういった書類が必要になるのかを解りやすく説明しています。実際にご自身のケースを本書で判定していただいて、特例の適用要件を確認し、必要書類を揃えて所轄の税務署に行って申告書を作成・提出する、このような利用方法が、みなさまにとって最も簡単で、解りやすい申告方法ではないかと思います。

　本書を活用していただいて、みなさまご自身でたやすく申告手続を行えることが、税理士法人ＦＰ総合研究所・資産税スタッフ全員の心からの願いです。

　最後に、本書は、令和２年分の所得税の確定申告に際して読者の皆様方にご利用いただけるよう、令和２年に適用される法律、政省令、通達等に基づいて作成しております。

　なお、文中意見にわたる部分は、弊所の私見である旨を念のために申し添えます。

令和３年１月

【目 次】

Ⅲ　所得税の確定申告の仕方

Ⅳ　贈与税の申告の仕方

I. マイホームを売却された方

マイホームを売却した際には、
譲渡所得として所得税の計算をしなければなりません。
その際に利益がある場合と損失がある場合によって、取扱いが異なってきます。

1. 譲渡所得の計算の仕方

（1）長期と短期の区分

譲渡した土地建物等の所有期間が長期か短期かにより譲渡所得の税額の計算方法が変わります。長期と短期の区分は次によります。

長期	譲渡した年の1月1日における所有期間が5年超のもの
短期	譲渡した年の1月1日における所有期間が5年以下のもの

※譲渡時期について

譲渡した年とは、原則として、売買などの譲渡契約に基づいて引き渡した日の属する年をいいますが、売買契約などの効力発生の日（一般的には契約締結の日）の属する年を譲渡した年とすることもできます。

※長期、短期の簡易判定

長期か短期かの判定は、譲渡した年から取得した年を控除し、その数字が6以上であれば「長期」に該当します。

（例1）

譲渡した年：2020年8月10日
取得した年：2015年5月20日
上記の場合だと…
2020年－2015年＝5年　∴5年以下⇒短期

（例2）

譲渡した年：2020年8月10日
取得した年：2014年5月20日
上記の場合だと…
2020年－2014年＝6年　∴5年以上⇒長期

（2）譲渡所得の金額の計算

譲渡所得は次の算式により計算することとなります。

$$譲渡所得＝譲渡対価－（取得費＋譲渡費用）$$

（注）固定資産税の精算金を受取った場合は、その金額を譲渡対価の額に加算しなければなりません。

> 中古住宅の譲渡取引において、売主が納税義務を負うことになる1年分の固定資産税を物件の引渡し日を基準に買主と売主の負担額を求め、買主が売主に支払うその精算金のこと。

（3）取得費

❶ 取得費の原則

次のいずれか大きい方の額を選択できます。

1. （資産の取得に要した金額 ＋ 設備費・改良費）－ 家屋等減価する資産のときは償却費相当額

2. 譲渡対価×5％（概算取得費）

●資産の取得に要した金額に含まれるもの

資産の取得に要した金額に含まれるものは、下記のとおりです。
購入代金・購入手数料・立退料・印紙代・登録免許税（登記に関する費用も含む）
不動産取得税・その他取得のために要した費用等

（注）事業用資産については、上記の中に必要経費に算入するものもありますので、取扱いに注意してください。

●償却費相当額の計算

減価の額＝取得価額×0.9×償却率（A）×経過年数（B）（取得価額×95％が限度）

A　非業務用資産の償却率

区分	木造	木骨モルタル	（鉄筋）鉄骨コンクリート	金属造①（注）	金属造②（注）	金属造③（注）
償却率	0.031	0.034	0.015	0.036	0.025	0.020

（注）「金属造①」軽量鉄骨造のうち骨格材の肉厚が3mm以下の建物
　　　「金属造②」軽量鉄骨造のうち骨格材の肉厚が3mm超4mm以下の建物
　　　「金属造③」軽量鉄骨造のうち骨格材の肉厚が4mm超の建物

B　非業務用期間の年数

6か月以上は切上、6か月未満の場合は切捨てとなります。
①15年4か月 → 15年
②15年8か月 → 16年

（注）住宅を賃貸していたなど事業の用に供していた期間がある場合は計算方法が異なりますので注意してください。

❷ 取得費が不明の場合

① 概算取得費の選択

　　取得費が不明の場合は、譲渡収入金額の5％を概算取得費とすることができます。

② 取得価額の内訳等が不明の場合【建物と土地を一括で購入している場合】

　　購入時の契約において建物と土地の価額が区分されている場合には、土地・建物の価額は明らかですが、建売住宅等の場合には区分されていない場合もあります。このような場合には次のような考え方から土地及び建物の取得価額を導き出します。

（イ）契約書に記載されている消費税額から『建物の取得価額』を求める

　　土地の売買には消費税は課税されません。従って、消費税額の記載がある場合には当該消費税は建物に課されていると判断できますので『建物の取得価額』を計算することができます。

$$\text{当該建物の消費税額} \times \frac{1+\text{消費税の税率}}{\text{消費税の税率}}$$

（※）消費税の税率 ｛H1.4.1～H9.3.31：3%、H9.4.1～H26.3.31：5%、H26.4.1～R1.9.30：8%、R1.10.1以降：10%｝

（ロ）建物の標準的な建築価額表を基に『建物の取得価額』を求める

　　購入時の契約において建物と土地の価額が区分されていない場合には、建物と土地の購入時の時価の割合で区分するのですが、国税庁が発表している《建物の標準的な建築価額》（12頁）を基に『建物の取得価額』を計算しても差し支えありません。

イ　新築の建物を購入している場合

$$\text{売却した建物の建築年に対応する建物の標準的な建築価額} \times \text{建物の床面積} = \text{建物の取得価額}$$

ロ　中古の建物を購入している場合

$$\text{売却した建物の建築年に対応する建物の標準的な建築価額} \times \text{床面積} - \text{その建物の建築時から取得時までの経過年数に応じた償却費相当額} = \text{建物の取得価額}$$

❸ 相続等があった場合の取扱い

① **取得費について**

　　贈与、相続又は遺贈により不動産等を取得した場合において、これらの事由により資産を取得するために通常要する費用については、下記の取扱いとなります。

> **イ　取得費に加算するもの**
> ・登録免許税（登記に関する費用も含む）
> ・不動産取得税など
> **ロ　取得費に加算できないもの**
> ・遺産分割の際の訴訟費用・弁護士費用などの支出
> （注）上記取扱いは自宅等の非業務用資産の取扱いを記載しております。事業用資産については、取扱いが異なりますので注意してください。

※譲渡所得の計算上、取得費について概算取得費（譲渡収入金額×5％）の適用を受ける場合は、資産を取得するために通常要する費用を取得費に含めることはできません。

② **相続税の取得費加算について**

　　相続財産を相続税の申告書の提出期限（相続の開始があったことを知った日の翌日から10か月以内）の翌日から3年以内に譲渡した場合、次により計算した金額を取得費に加算することができます。（この取得費加算をする前に計算した譲渡益を限度とします。）

$$その者の相続税額 \times \frac{譲渡した資産に係る課税価格}{相続税額にかかる課税価格（債務控除前）}$$

（4）譲渡費用

　　次のような費用が譲渡費用になります。

> ① 資産を譲渡するために直接要した仲介手数料・運搬費・測量費・契約書の印紙税・売渡証書作成費用等
> ② 譲渡のために借家人を立退かせる場合の立退費用
> ③ 土地を譲渡するためにその土地の上にある建物等の取壊費用・除却した場合の譲渡に関連する資産損失相当額
> ④ 土地を譲渡するために既に締結されていた土地の譲渡契約を解除する際に支払った違約金等
> ⑤ その資産の譲渡価額を増加させるためにその譲渡に際して支出した費用

譲渡費用にならないもの

●譲渡資産の修繕費（⑤の場合を除く）、固定資産税など

※資産の維持管理に要した費用は、その資産の使用収益によって生ずる所得に対応する費用となり、資産の増加益である譲渡所得に対応する譲渡に要した費用とはなりません。

●抵当権抹消費用など

【参考資料】建物の標準的な建築価額

（千円／㎡）

築年数	構造 木 造 木骨モルタル造	鉄 骨 鉄 筋 コンクリート造	鉄 筋 コンクリート造	鉄 骨 造
58	102.2	168.0	143.8	94.3
59	102.8	161.2	141.7	95.3
60	104.2	172.2	144.5	96.9
61	106.2	181.9	149.5	102.6
62	110.0	191.8	156.6	108.4
63	116.5	203.6	175.0	117.3
平成 元	123.1	237.3	193.3	128.4
2	131.7	286.7	222.9	147.4
3	137.6	329.8	246.8	158.7
4	143.5	333.7	245.6	162.4
5	150.9	300.3	227.5	159.2
6	156.6	262.9	212.8	148.4
7	158.3	228.8	199.0	143.2
8	161.0	229.7	198.0	143.6
9	160.5	223.0	201.0	141.0
10	158.6	225.6	203.8	138.7
11	159.3	220.9	197.9	139.4
12	159.0	204.3	182.6	132.3
13	157.2	186.1	177.8	136.4
14	153.6	195.2	180.5	135.0
15	152.7	187.3	179.5	131.4
16	152.1	190.1	176.1	130.6
17	151.9	185.7	171.5	132.8
18	152.9	170.5	178.6	133.7
19	153.6	182.5	185.8	135.6
20	156.0	229.1	206.1	158.3
21	156.6	265.2	219.0	169.5
22	156.5	226.4	205.9	163.0
23	156.8	238.4	197.0	158.9
24	157.6	223.4	193.9	155.6
25	159.9	256.0	203.8	164.3
26	163.0	276.2	228.0	176.4
27	165.4	326.5	240.2	197.3
28	165.9	308.4	254.2	204.1
29	166.7	350.4	265.5	214.6
30	168.5	304.2	263.1	214.1
令和 元	170.1	363.3	285.6	228.8

（注）《建築着工統計調査報告（年計）》（国土交通省HP参照）を基に、1㎡当たりの工事費予定額を計算し、建築価額としています。

2. 各種特例規定の判定

　譲渡所得の金額が算出されると、次は譲渡所得の特例が適用可能かどうかの判断となります。下記の判定チャートに従って該当する項目を参考にしてください。

◆各種特例規定の判定チャート

（1）居住用財産の3,000万円特別控除

　不動産の譲渡益については所得税・住民税が課税されますが、マイホームの売却については、一定の条件を満たすと、譲渡益から3,000万円を上限に控除してから譲渡税（譲渡所得に係る税金である一定の所得税及び住民税の総称）の計算をすることができます。譲渡益が3,000万円以下であれば、所得税・住民税がかかりません。この特例は、マイホームの所有期間に関係なく適用を受けることができます。

■ 適用を受けるための条件

　次の条件をすべて満たしていることが必要です。

> ● 居住の用に供している**家屋を譲渡**した場合又は**家屋とその敷地を譲渡**した場合
> 　※土地のみの譲渡に関しては、原則として適用がありません。ただし、災害による家屋の滅失や、家屋を取り壊してから1年以内の譲渡など一定の場合には適用を受けることができます。
> ● 居住の用に供さなくなってから3年を経過する日の属する年の年末までに譲渡していること
> ● **譲渡する相手が、配偶者、直系血族（祖父母、父母、子、孫など）、同居親族など特殊関係者**ではない**こと**
> ● 譲渡年の前年又は前々年に『3,000万円特別控除（空き家に係る譲渡所得の特別控除の特例を除く）』、『居住用財産の買換え、交換の特例』、『居住用財産の買換等による譲渡損失の損益通算及び繰越控除』、『特定居住用財産の譲渡損失の損益通算及び繰越控除』等の適用を受けていないこと

■ 併用して適用を受けることができないもの（適用除外）

　固定資産の交換特例・特定の事業用財産の買換え及び交換の特例・住宅ローン控除・認定住宅等を新築等した場合の特別控除など

■ よくある質問・・・

❶ 住民登録していなくても適用は受けることができる？

　3,000万円控除の規定は、居住していた資産についての特例ですので、譲渡した資産の所在地において住民登録をしていなくても、その資産に居住していたことを公共料金等の書類で証明できれば、適用を受けることができます。しかし、居住していないのに住民票だけ転入していた場合などは適用を受けることができません。

　これは、他の居住用財産の特例についても同じです。

❷ 敷地と建物の名義が異なる場合は？

仮に、敷地が夫と妻の共有名義、家屋が妻単独の名義になっている住宅を売却した場合、3,000万円控除は基本的に家屋を譲渡したことによる特例であるため、家屋と敷地を一緒に譲渡する妻は適用を受けることができますが、土地の名義しかない夫は適用を受けることができません。しかし、妻の譲渡益が3,000万円に満たず、控除不足額がある場合には、その控除不足額を限度として夫の譲渡益から控除して計算することができます。この場合には、次の要件を満たしていることが必要です。

● 家屋とともに土地の譲渡があったこと

● 家屋の所有者と土地の所有者とが親族関係にあり、生計を一にしていること

● 土地の所有者が家屋の所有者とともにその家屋に住んでいること

❸ 単身赴任の場合は？

譲渡した者が、転勤などやむを得ない事情で単身赴任しており、家族のみが居住していた住宅を売却した場合には、その事情が解消した時にはその譲渡した家屋において配偶者等と同居する予定であったのであれば、その譲渡した者にとっても「居住の用に供している家屋」として3,000万円控除の適用を受けることができます。

❹ 3,000万円特別控除と特定の居住用財産の買換え特例はどちらがトク？

3,000万円特別控除と買換え特例は併用適用することができないため、買換えをされた方はどちらか有利な方を選択していただくことになります。この場合、どちらが有利になるかは個々の状況により異なります。

特定の居住用財産の買換え特例は、次回の売却時まで課税を繰り延べているだけですので、3,000万円控除を利用して譲渡税が発生しない場合には、3,000万円控除を利用する方が有利です。また、買換資産を近い将来売却する予定がある場合などは、多少の譲渡税が発生したとしても、3,000万円控除を利用したほうが有利なケースもあります。

（2）空き家に係る譲渡所得の特別控除

　相続開始の直前において被相続人の居住の用に供されていた一定の要件を満たす家屋及びその土地等を相続した相続人が、一定の耐震基準に適合する改修を行った後に譲渡した場合又は取壊し後に更地の状態で譲渡した場合、居住用財産を譲渡した場合に該当するものとみなして、居住用財産の3,000万円特別控除の適用を受けることができます。

■ 適用を受けるための条件

　次の条件をすべて満たしていることが必要です。

●以下のすべての要件に該当する被相続人の居住用家屋が対象
　① 昭和56年5月31日以前に建築された家屋であること
　② 建物の区分所有等に関する法律第1条の規定に該当する建物でないこと
　③ 相続開始の直前において、被相続人以外に居住していた者がいない家屋であること
●次の①及び②の期間中の譲渡が対象
　① 平成28年4月1日から令和5年12月31日までの譲渡
　② 相続開始時から相続の開始があった日以後3年を経過する日の属する年の12月31日までの譲渡
●譲渡対価の額が1億円以下である譲渡が対象
●譲渡年の前年又は前々年に『居住用財産の買換等による譲渡損失の損益通算及び繰越控除』、『特定居住用財産の譲渡損失の損益通算及び繰越控除』等の適用を受けていないこと
●改修工事をした後に譲渡する場合
　① 相続の時から譲渡の時まで、事業の用、貸付の用又は居住の用に供されていたことがないこと
　② 譲渡の時において一定の耐震基準に適合していること
●居住用家屋の除却、全部の取壊し又は滅失後に居住用家屋の敷地等を譲渡する場合
　① 相続の時から除却等の時まで、事業の用、貸付の用又は居住の用に供されていたことがないこと
　② 相続の時から譲渡の時まで、事業の用、貸付の用又は居住の用に供されていたことがないこと
　③ 除却等の時から譲渡の時まで建物又は構築物の敷地の用に供されていたことがないこと
●同一の被相続人から相続又は遺贈により取得した被相続人居住用家屋又は被相続人居住用家屋の敷地等について、この特例の適用を受けていないこと

■ 老人ホーム等に入所していた場合

　この特例は原則として相続開始の直前において対象家屋が被相続人の居住の用に供されていたことを要件としますが、平成31年4月1日以後の譲渡に関しては、被相続人が①要介護認定又は要支援認定を受けて、相続開始直前まで老人ホーム等に入所していても、対象家屋を②被相続人の物品の保管その他の用に供しており、かつ、事業の用、貸付の用又は被相続人以外の者の居住の用に供していないこと等の要件を満たす場合には、この特例が適用できます。

■ 併用して適用を受けることができないもの（適用除外）

① 固定資産の交換特例
② 特定事業用資産の買換え及び交換の特例
③ 収用等による買換えの特例
④ 規制市街地等内にある土地等の買換え及び交換の特例
⑤ 収用等により資産を譲渡した場合の5,000万円特別控除
⑥ 相続財産を譲渡した場合の相続税額の取得費加算雄特例など

（3）特定の土地等の長期譲渡所得の1,000万円特別控除

　個人が平成21年に取得した国内にある土地等を平成27年以降に譲渡した場合又は平成22年に取得した土地等を平成28年以降に譲渡した場合には、その土地等に係る譲渡所得の金額から1,000万円を控除することができます。

ただし、平成21年・22年において譲渡の特例を受けていない場合に限り、適用を受けることができます。

■ 適用を受けるための条件

　次の条件をすべて満たしていることが必要です。

●以下のすべての要件に該当する土地等の譲渡が対象
　①平成21年1月1日から平成22年12月31日までの間に取得した国内にある土地等であること
　②所有期間が5年を超える土地等であること
　※土地等の譲渡には、譲渡の基因となる不動産等の貸付けを含む。
●譲渡する相手が、配偶者、直系血族（祖父母、父母、子、孫など）、同居親族など特殊関係者ではないこと
●土地等が、上記特殊関係者からの取得、相続等による取得及び棚卸資産に該当するものではないこと
　※土地等の取得後の用途は問わない。

■ 譲渡した土地等について重複適用できないもの

　固定資産の交換特例・収用等による買換え特例・居住用財産の3,000万円特別控除・空き家の3,000万円特別控除など

※同一年中に、この特例の適用対象となる土地等を2以上譲渡している場合で、いずれかの土地等について買換え特例の適用を受けるときにも、この特例の適用はありません。

（4）低未利用土地等を譲渡した場合の長期譲渡所得の100万円特別控除

　個人が、都市計画区域内に所在する低未利用土地等を令和2年7月1日から令和4年12月31日までの間に譲渡した場合には、低未利用土地等に係る長期譲渡所得の金額から100万円を控除することができます。

■ 適用を受けるための条件

　次の条件をすべて満たしていることが必要です。

●以下の要件に該当する土地等の譲渡が対象

　都市計画区域内に所在する居住の用、事業の用等に供されておらず、又はその利用の程度が周辺の地域における同一の用途等に供されている土地の利用の程度に比し著しく劣っていると認められる土地であり、低未利用土地であること及び譲渡後の土地の利用について市町村長による確認が行われたものであること。

●適用対象となる譲渡

　令和2年7月1日から令和4年12月31日までの間の譲渡で、譲渡の年の1月1日において所有期間が5年を超える低未利用土地等の譲渡であること。

（注）土地等の譲渡には、譲渡所得の基因となる不動産等の貸付けを含む。

■ 併用して適用を受けることができないもの（適用除外）

① 譲渡する相手の制限

　「特定の土地等の長期譲渡所得の1,000万円の特別控除」と同じ

② 譲渡対価が500万円を超えるもの

③ 前年又は前々年にこの規定を受けた場合

　この規定の適用を受けようとする低未利用土地等と一筆の土地等から分筆された土地等について、その年の前年又は前々年にこの規定の適用を受けている場合

④ この特例に係る譲渡につき併用できない主な特例

　イ 固定資産の交換の特例

　ロ 収用等により資産を譲渡した場合の5,000万円特別控除の特例

　ハ 特定の土地等の長期譲渡所得の1,000万円特別控除の特例　など

（5）居住用財産の軽減税率

　所有期間が10年を超えるマイホームを売却し一定の条件を満たすと、税率が軽減されます。なお、この特例は『3,000万円特別控除』と併用して受けることができます。

■ 税率

<原則>　譲渡した資産の所有期間により税率が異なります。

所有期間（※1）	税　　　　　率
５年以下（短期）	39%（39.63%） 内訳：所得税30%（30.63%）・住民税９%
５年超（長期）	20%（20.315%） 内訳：所得税15%（15.315%）・住民税５%

（　）内の税率は、復興特別所得税加算後の税率です。

<居住用財産の軽減税率の適用がある場合>　次の税率により計算します。

区　　　　分	税　　　　　率
課税長期譲渡所得金額（※2）が6,000万円以下の部分	14%（14.21%） 内訳：所得税10%（10.21%）・住民税４%
課税長期譲渡所得金額（※2）が6,000万円超の部分	20%（20.315%） 内訳：所得税15%（15.315%）・住民税５%

（　）内の税率は、復興特別所得税加算後の税率です。

（※1）　所有期間は、譲渡した年の１月１日時点で判定します。（判定方法は7頁参照）
　　　　　また、相続又は贈与により取得した資産の所有期間は、被相続人又は贈与者がそれぞれ取得した日から所有期間を計算します。
（※2）　課税長期譲渡所得金額＝譲渡対価 －（取得費＋譲渡費用）－ 特別控除

■ 適用を受けるための条件

次の条件をすべて満たしていることが必要です。

●譲渡資産は、3,000万円控除の適用を受けることができる居住用財産であること
●譲渡資産の**所有期間**が、譲渡した年の１月１日において**土地・建物ともに10年超**であること

■ 併用して適用を受けることができないもの（適用除外）

① 譲渡する相手の制限

「居住用財産の3,000万円特別控除」と同じ

② 譲渡年の前年又は前々年に次の特例の適用を受けている場合

居住用財産の税率軽減

③ 併用して適用できない特例

イ 住宅ローン控除

ロ 認定住宅の新築等をした場合の所得税額の特別控除

④ この特例に係る譲渡につき併用して適用できない主な特例

イ 固定資産の交換特例

ロ 特定事業用資産の買換え及び交換の特例

ハ 収用等による買換えの特例

ニ 既成市街地等内にある土地等の買換え及び交換の特例

ホ 特定の居住用財産の買換え及び交換の特例など

（6）特定の居住用財産の買換え特例

　マイホームを令和3年12月31日までに売却し、新たにマイホームを取得する場合について、売却代金を土地の購入代金や家屋の建築資金に充てたときには、税金の負担が重くならないよう一定の条件を満たした場合に限り、売却することによる税金を将来に繰り延べることができます。

■ 買換え特例を利用した場合

≪注意≫ この特例は、譲渡益への課税が免除されるのではなく、将来に課税が繰り延べられる措置です。

■ 適用を受けるための条件

次の条件をすべて満たしていることが必要です。

〈譲渡資産について〉

● 3,000万円控除の適用を受けることができる居住用財産であること（14頁参照）

● **所有期間**が、譲渡した年の1月1日において**10年超**であること

● 本人の**居住期間**が**10年以上**であること

● 譲渡資産の譲渡に係る対価の額が**1億円以下**であること

〈買換資産について〉

● **譲渡した年の前年1月1日から譲渡年の翌年の年末までの間に取得**すること

● **譲渡した年の翌年の年末までの間に居住を開始**すること又は居住を開始する見込みであること（ただし、譲渡した年の翌年中に買換資産を取得した場合には、取得年の翌年の年末までに居住を開始すること）

● 建物の床面積は50㎡以上であること

● 土地の面積は500㎡以下であること

● 中古住宅（耐火建築物）：築後25年以内〔一定の耐震基準構造適合耐火建築物（既存住宅売買瑕疵保険に加入している建築物を含む）については、築後経過年数を問わない〕

● 中古住宅（非耐火建築物）の場合：次のいずれかに該当すること
① 築後25年以内
② 地震に対する安全性に係る規定もしくはこれに準ずる基準に適合すること

※ 上記要件を満たさない場合で、取得期限までに改修等を行うことにより、上記要件に適合することとなったときには、上記要件を満たす家屋を取得したものとする。

■ 併用して適用を受けることができないもの（適用除外）

---

① 譲渡する相手の制限

「居住用財産の3,000万円特別控除」と同じ

② 譲渡年、譲渡年の前年又は前々年に次の特例の適用を受けている場合

イ 居住用財産の税率軽減

ロ 居住用財産の3,000万円特別控除（相続等により取得した空き家に係る譲渡所得の特別控除の特例を除く）

ハ 居住用財産の買換え等による譲渡損失の損益通算及び繰越控除

ニ 特定居住用財産の譲渡損失の損益通算及び繰越控除

③ 併用して適用できない主な特例

イ 住宅ローン控除

ロ 認定住宅の新築等をした場合の所得税額の特別控除

④ この特例に係る譲渡につき併用して適用できない主な特例

イ 固定資産の交換特例

ロ 特定事業用資産の買換え及び交換の特例

ハ 収用等による買換えの特例

ニ 既成市街地等内にある土地等の買換え及び交換の特例

ホ 収用等により資産を譲渡した場合の5,000万円特別控除など

（7）居住用財産の譲渡損失について

　マイホームを売却して譲渡損失が生じた場合、その損失の金額と土地等及び建物等の譲渡による所得以外の所得の金額との通算及び繰越は原則としてできません。

　ただし、所有期間が5年を超えるマイホームで下記（8）、（9）に掲げる一定の要件を満たす場合には、損益通算及び繰越控除ができます。

（8）居住用財産の買換えによる譲渡損失の損益通算・繰越控除

　マイホームを令和3年12月31日までに売却し、住宅ローンにより新たにマイホームを取得する場合について、その譲渡資産の譲渡損失の金額を、一定の要件のもとにその年の他の所得と通算することができます。

　さらに、通算してもなお控除しきれない部分の金額については、一定の要件のもとに翌年以降3年間にわたり繰り越して他の所得から控除することができます。

■ 適用を受けるための条件

❶ 損益通算の適用要件

次の条件をすべて満たしていることが必要です。

〈譲渡資産について〉
- ●3,000万円控除の適用を受けることができる居住用財産であること（14頁参照）
- ●譲渡した年の1月1日で**所有期間が5年超**であること

〈買換資産について〉
- ●**譲渡した年の前年1月1日から譲渡年の翌年の年末までの間に取得**すること
- ●**取得した年の翌年の年末**までの間に**居住を開始**すること又は居住を開始する見込みであること
- ●住宅の床面積が50㎡以上であること
- ●繰越控除の適用を受ける年の年末において**住宅借入金等（償還期間が10年以上のもの）の残高があること**

〈適用除外〉
- ●譲渡する相手の制限

　「居住用財産の3,000万円特別控除」と同じ

- ●譲渡年の前年又は前々年に次の特例の適用を受けている場合
  - ・居住用財産の税率軽減
  - ・居住用財産の3,000万円特別控除（相続等により取得した空き家に係る譲渡所得の特別控除の特例を除く）
  - ・特定の居住用財産の買換え及び交換の特例
- ●譲渡年又はその年の前年以前3年以内における資産の譲渡につき特定居住用財産の譲渡損失の損益通算の特例の適用を受けている場合

❷ 繰越控除の適用要件

損益通算の適用要件に加え、次の条件を満たしていることが必要です。

- ●その年の合計所得金額が3,000万円を超えないこと（超えた年だけ適用が受けられません。なお、損益通算については、3,000万円超の年であっても適用を受けられます。）

❶ 500㎡を超える土地を譲渡した場合の取扱い

譲渡した資産に500㎡を超える土地が含まれている場合には、その譲渡損失のうち、500㎡を超える部分の譲渡損失については、繰越控除の適用を受けることができません。

❷ 居住用財産に係る課税特例の連年適用の可否

居住用財産の特例は、前年・前々年に特例の適用を受けていると、本年において適用できない規定があるため、注意が必要です。

（9）特定居住用財産の譲渡損失の損益通算・繰越控除

　マイホームを令和3年12月31日までに売却した場合において、譲渡契約締結日の前日において住宅借入金等の残高がある等一定の要件を満たす場合は、その譲渡資産の譲渡損失の金額を、その年の他の所得と通算することができます。

　さらに、通算してもなお控除しきれない部分の金額については、一定の要件のもとに翌年以降3年間にわたり繰り越して他の所得から控除することができます。

　この制度における譲渡損失の金額とは、（イ）譲渡したマイホームの住宅借入金等の金額から譲渡対価を控除した残額（売却後の残債）、（ロ）マイホームの譲渡損失の金額のいずれか少ない金額をいいます。

■ 適用を受けるための条件

❶ 損益通算の適用要件

　次の条件をすべて満たしていることが必要です。

〈譲渡資産について〉
- ●3,000万円控除の適用を受けることができる居住用財産であること（14頁参照）
- ●譲渡した年の1月1日で**所有期間が5年超**であること
- ●譲渡契約日の前日（つなぎ融資等により買換資産を先行取得した場合には、譲渡契約締結月の6月前の月の最初の日）において**住宅借入金等（償還期間が10年以上のもの）の残高があること**

〈買換資産について〉
- ●**要件なし（買換資産の取得をしていなくても適用可）**

〈適用除外〉
- ●譲渡する相手の制限
  「居住用財産の3,000万円特別控除」と同じ
- ●譲渡年の前年又は前々年に次の特例の適用を受けている場合
  - ・居住用財産の税率軽減
  - ・居住用財産の3,000万円特別控除（相続等により取得した空き家に係る譲渡所得の特別控除の特例を除く）
  - ・特定の居住用財産の買換え及び交換の特例
- ●譲渡年又はその年の前年以前3年以内における資産の譲渡につき居住用財産の買換え等の場合の譲渡損失の損益通算の特例の適用を受けている場合

---

❷ 繰越控除の適用要件

　損益通算の適用要件に加え、次の条件を満たしていることが必要です。

- ●その年の合計所得金額が3,000万円を超えないこと（超えた年だけ適用が受けられません。なお、損益通算については、3,000万円超の年であっても適用を受けられます。）

---

❸ 損益通算及び繰越控除の対象となる譲渡損失の金額

下記の図の（イ）の金額と、（ロ）の金額の**いずれか少ない**方が、損益通算及び繰越控除の対象となります。

例えば・・・ 取得費2,500万円のマイホームを2,000万円で売却した場合

（ケース1）売却直前の借入金残高が3,000万円のとき
- （イ）3,000万円－2,000万円＝1,000万円（売却後の残債）
- （ロ）2,000万円－2,500万円＝△500万円（譲渡損失）
- （ハ）1,000万円＞500万円 ∴**500万円について適用あり**

（ケース2）売却直前の借入金残高が2,100万円のとき
- （イ）2,100万円－2,000万円＝100万円（売却後の残債）
- （ロ）2,000万円－2,500万円＝△500万円（譲渡損失）
- （ハ）100万円＜500万円 ∴**100万円について適用あり**

① 譲渡損失の損益通算と繰越控除制度のしくみ（（8）・（9）の繰越控除制度共通）

② 他の特例との重複適用の可否（（8）・（9）の繰越控除制度共通）

適用可否の関係		本年において適用を受けようとする特例					
		特定買換え	居住用財産の特別控除	空き家の特別控除	特定の土地等の特別控除	軽減税率	繰越控除
前年前々年に適用を受けた特例	特定買換え	－	×	○	○	○	×
	居住用財産の特別控除	×	×	○	○	○	×
	空き家の特別控除	○	○	－	○	○	○
	特定の土地等の特別控除	○	○	○	○	○	○
	軽減税率	×	○	○	○	×	×
	繰越控除	×	×	○	○	○	×

③ 2つの繰越控除制度（（8）・（9）の主な相違点）

項　　　目	22頁記載（8）の繰越控除	24頁記載（9）の繰越控除
譲渡資産のローン要件	要件なし	償還期間が10年以上の住宅借入金等の残高があること
買換資産の取得要件	買換資産の取得が必要	要件なし
買換資産のローン要件	償還期間が10年以上の住宅借入金等でマイホームを取得していることが必要	要件なし

① 「居住用財産の買換えによる譲渡損失の損益通算・繰越控除」の要件と、「特定居住用財産の譲渡損失の損益通算・繰越控除」の規定の要件のどちらも満たす場合には、どちらの特例規定を使うかは、個人の有利選択になります。
② この繰越控除は住民税にも適用されます。また『住宅ローン控除』と併用することもできます。（ただし、所得税が発生しない年については税金の還付はありません。）

記載例 居住用財産の買換え等による譲渡資産の損益通算及び繰越控除の譲渡所得の内訳書・付表

FP太郎の居住用財産の買換え等に係る各種金額は下記のとおりです。

【譲渡資産の金額】

項目	金額・年月日
譲渡価額	30,000,000円
土地取得価額	28,000,000円
家屋取得価額	24,000,000円
家屋償却費相当額	4,320,000円
譲渡経費	960,000円
取得年月日	平成24年11月5日
譲渡契約日	令和2年10月28日
引渡年月日	令和2年11月5日

【給与所得の金額】

項目	金額
額面給与	10,945,000円
給与所得控除額	1,950,000円
合計所得金額	8,995,000円

記載例 は、28〜33頁をご覧ください。

1 面

譲渡所得の内訳書

（確定申告書付表兼計算明細書）【土地・建物用】

【令和 2 年分】

名簿番号	

提出 __1__ 枚のうちの __1__

　この「譲渡所得の内訳書」は、土地や建物の譲渡（売却）による譲渡所得金額の計算用として使用するものです。「譲渡所得の申告のしかた（記載例）」（国税庁ホームページ【www.nta.go.jp】からダウンロードできます。税務署にも用意してあります。）を参考に、契約書や領収書などに基づいて記載してください。

　なお、国税庁ホームページの「確定申告書等作成コーナー」の画面の案内に従って収入金額などの必要項目を入力することにより、この計算明細書や確定申告書などを作成することができます。

あなたの

現住所 （前住所）	大阪府大阪市中央区本町3丁目4番10号 （　　　　　　　　　　　　　　　　　）	フリガナ	エフピータロウ
		氏　名	FP太郎
電話番号 （連絡先）	00-0000-0000	職　業	会社員

※ 譲渡（売却）した年の1月1日以後に転居された方は、前住所も記載してください。

関　与　税　理　士　名
（電話　　　　　　　　　　）

記 載 上 の 注 意 事 項

○ この「譲渡所得の内訳書」は、一の契約ごとに1枚ずつ使用して記載し、「確定申告書」とともに提出してください。
　また、譲渡所得の特例の適用を受けるために必要な書類などは、この内訳書に添付して提出してください。

○ 長期譲渡所得又は短期譲渡所得のそれぞれごとで、二つ以上の契約がある場合 には、いずれか1枚の内訳書の譲渡所得金額の計算欄（3面の「4」各欄の上段）に、その合計額を二段書きで記載してください。

○ 譲渡所得の計算に当たっては、適用を受ける特例により、記載する項目が異なります。
* 交換・買換え（代替）の特例、被相続人の居住用財産に係る譲渡所得の特別控除の特例の適用を受けない場合
　　　　……1面・2面・3面
* 交換・買換え（代替）の特例の適用を受ける場合
　　　　……1面・2面・3面（「4」を除く）・4面
* 被相続人の居住用財産に係る譲渡所得の特別控除の特例の適用を受ける場合
　　　　……1面・2面・3面・5面
（また、下記の 5面 　　に○を付してください。）

○ 土地建物等の譲渡による譲渡損失の金額については、一定の居住用財産の譲渡損失の金額を除き、他の所得と損益通算することはできません。

○ 非業務用建物（居住用）の償却率は次のとおりです。

区　分	木　造	木　骨 モルタル	（鉄骨）鉄筋 コンクリート	金属造①	金属造②
償却率	0.031	0.034	0.015	0.036	0.025

（注）「金属造①」……軽量鉄骨造のうち骨格材の肉厚が3mm以下の建物
　　　「金属造②」……軽量鉄骨造のうち骨格材の肉厚が3mm超4mm以下の建物

5面 　　　

（令和元年分以降用）

R1.11

| 2 面 | | 名簿番号 | |

1　譲渡（売却）された土地・建物について記載してください。

(1)　どこの土地・建物を譲渡（売却）されましたか。

所在地	所在地番	大阪府大阪市中央区本町○丁目△番□
	（住居表示）	

(2)　どのような土地・建物をいつ譲渡（売却）されましたか。

土地	☑ 宅 地　□ 田 □ 山 林　□ 畑 □ 雑種地　□ 借地権 □ その他（　　　）	（実測）　120 ㎡ （公簿等）　120 ㎡	利 用 状 況	売 買 契 約 日
			☑ 自己の居住用 　（居住期間 　平24年11月～令 2年10月）	令和 2 年 10 月 28 日
建物	☑ 居 宅　□ マンション □ 店 舗　□ 事務所 □ その他 （　　　　）	150 ㎡	□ 自己の事業用 □ 貸付用 □ 未利用 □ その他 （　　　　）	引 き 渡 し た 日 令和 2 年 11 月 5 日

○　次の欄は、譲渡（売却）された土地・建物が共有の場合に記載してください。

あなたの持分		共 有 者 の 住 所 ・ 氏 名	共 有 者 の 持 分	
土 地	建 物		土 地	建 物
		（住所）　　　　　　　（氏名）		
		（住所）　　　　　　　（氏名）		

(3)　どなたに譲渡（売却）されましたか。

買主	住 所 (所在地)	大阪府大阪市北区角田町○丁目△番□		
	氏 名 (名称)	○○不動産	職 業 (業種)	不動産仲介業

(4)　いくらで譲渡（売却）されましたか。

① 　譲 渡 価 額
30,000,000 円

【参考事項】

代 金 の 受領状況	1 回 目 令 2 年 10 月 28 日 3,000,000 円	2 回 目 令 2 年 11 月 5 日 27,000,000 円	3 回 目 　年　月　日 　　　円	未 収 金 　年　月　日(予定) 　　　円

お売りになった 理　由	□ 買主から頼まれたため ☑ 他の資産を購入するため □ 事業資金を捻出するため	□ 借入金を返済するため □ その他 （　　　　　　　　　）

「相続税の取得費加算の特例」や「保証債務の特例」の適用を受ける場合の記載方法

○　「相続税の取得費加算の特例」の適用を受けるときは、「相続財産の取得費に加算される相続税の計算明細書」（国税庁ホームページ【www.nta.go.jp】からダウンロードできます。なお、税務署にも用意してあります。）で計算した金額を3面の「2」の「②取得費」欄の上段に「㊞×××円」と二段書きで記載してください。

○　「保証債務の特例」の適用を受けるときは、「保証債務の履行のための資産の譲渡に関する計算明細書（確定申告書付表）」（国税庁ホームページ【www.nta.go.jp】からダウンロードできます。なお、税務署にも用意してあります。）で計算した金額を3面の「4」の「B必要経費」欄の上段に「㊞×××円」と二段書きで記載してください。

○　4面を記載される方で、「相続税の取得費加算の特例」や「保証債務の特例」の適用を受ける場合には、税務署に記載方法をご確認ください。

3　面

2　譲渡（売却）された土地・建物の購入（建築）代金などについて記載してください。

(1)　譲渡（売却）された土地・建物は、どなたから、いつ、いくらで購入（建築）されましたか。

購入建築価額の内訳	購入（建築）先・支払先		購入建築年月日	購入・建築代金又は譲渡価額の5%
	住所（所在地）	氏名（名称）		
土　地	大阪府大阪市西区阿波座〇丁目△番□	〇〇興産	平成24・11・5	28,000,000円
			・　・	円
			・　・	円
		小　計 (イ)		28,000,000円
建　物	大阪府大阪市西区阿波座〇丁目△番□	〇〇興産	平成24・11・5	24,000,000円
			・　・	円
			・　・	円
建物の構造　□木造　□木骨モルタル　□(鉄骨)鉄筋　☑金属造□その他		小　計 (ロ)		24,000,000円

※　土地や建物の取得の際に支払った仲介手数料や非業務用資産に係る登記費用などが含まれます。

(2)　建物の償却費相当額を計算します。　　　(3)　取得費を計算します。

建物の購入・建築価額（ロ）□標準	償却率	経過年数	償却費相当額（ハ）
24,000,000円 × 0.9 ×	0.025 ×	8 =	4,320,000円

② 取得費　(イ)＋(ロ)－(ハ)　47,680,000 円

※　「譲渡所得の申告のしかた（記載例）」を参照してください。なお、建物の標準的な建築価額による建物の取得価額の計算をしたものは、「□標準」に☑してください。
※　非業務用建物（居住用）の（ハ）の額は、（ロ）の価額の95%を限度とします（償却率は1面をご覧ください。）。

3　譲渡（売却）するために支払った費用について記載してください。

費用の種類	支払先		支払年月日	支払金額
	住所（所在地）	氏名（名称）		
仲介手数料	大阪府大阪市北区角田町〇丁目△番□	〇〇不動産	令和2・11・5	960,000円
収入印紙代			・　・	円
			・　・	円
			・　・	円
※ 修繕費、固定資産税などは譲渡費用にはなりません。			③ 譲渡費用	960,000 円

4　譲渡所得金額の計算をします。

区分	特例適用条文	A収入金額（①）	B必要経費（②＋③）	C差引金額（A－B）	D特別控除額	E譲渡所得金額（C－D）
短期・長期	所・措・震条の_	30,000,000円	48,640,000円	△18,640,000円	円	△18,640,000円
短期・長期	所・措・震条の_	円	円	円	円	円
短期・長期	所・措・震条の_	円	円	円	円	円

※　ここで計算した内容（交換・買換え（代替）の特例の適用を受ける場合は、4面「6」で計算した内容）を「申告書第三表（分離課税用）」に転記します。
※　租税特別措置法第37条の9の特例の適用を受ける場合は、「平成21年及び平成22年に土地等の先行取得をした場合の譲渡所得の課税の特例に関する計算明細書」を併せて作成する必要があります。

整理欄

4 面

> ## 「交換・買換え（代替）の特例の適用を受ける場合の譲渡所得の計算」
> この面（4面）は、交換・買換え（代替）の特例の適用を受ける場合にのみ記載します。

5 交換・買換（代替）資産として取得された（される）資産について記載してください。

物 件 の 所 在 地	種 類	面 積	用 途	契約(予定)年月日	取得(予定)年月日	使用開始(予定)年月日
		m²		・ ・	・ ・	・ ・
		m²		・ ・	・ ・	・ ・

※「種類」欄は、宅地・田・畑・建物などと、「用途」欄は、賃付用・居住用・事務所などと記載してください。

取得された（される）資産の購入代金など（取得価額）について記載してください。

費用の内容	支払先住所（所在地）及び氏名（名称）	支払年月日	支 払 金 額
土　地		・ ・	円
		・ ・	円
		・ ・	円
建　物		・ ・	円
		・ ・	円
		・ ・	円
④　買換（代替）資産・交換取得資産の取得価額の合計額			円

※　買換（代替）資産の取得の際に支払った仲介手数料や非業務用資産に係る登記費用などが含まれます。
※　買換（代替）資産をこれから取得される見込みのときは、「買換（代替）資産の明細書」（国税庁ホームページ【www.nta.go.jp】からダウンロードできます。なお、税務署にも用意してあります。）を提出し、その見込額を記載してください。

6 譲渡所得金額の計算をします。

「2面」・「3面」で計算した「①譲渡価額」、「②取得費」、「③譲渡費用」と上記「5」で計算した「④買換（代替）資産・交換取得資産の取得価額の合計額」により、譲渡所得金額の計算をします。

(1)　(2) 以外の交換・買換え（代替）の場合［交換（所 法58）・収用代替（措法33）・居住用買換え（措法36の2）・震災買換え（震法12）など］

区 分	特例適用条文	F 収 入 金 額	G 必 要 経 費	H 譲渡所得金額 (F－G)
収用代替		$①－③－④$	$② \times \dfrac{F}{①－③}$	
上記以外		$①－④$	$(②+③) \times \dfrac{F}{①}$	
短期・長期	所・措・震 ＿条＿の＿	円	円	円

(2)　特定の事業用資産の買換え・交換（措法37・37の4）などの場合

区 分	特例適用条文	J 収 入 金 額	K 必 要 経 費	L 譲渡所得金額 (J－K)
$① \leqq ④$		$① \times 20\%^{(※)}$	$(②+③) \times 20\%^{(※)}$	
$① > ④$		$(①－④)+④ \times 20\%^{(※)}$	$(②+③) \times \dfrac{J}{①}$	
短期・長期	措法 ＿＿条＿の＿＿	円	円	円

※　上記算式の20%は、一定の場合は25%又は30%となります。

【令和 **2** 年分】

名簿番号 ☐

居住用財産の譲渡損失の金額の明細書《確定申告書付表》
（居住用財産の買換え等の場合の譲渡損失の損益通算及び繰越控除用）

住所 又は 事業所 事務所 居所など	541-0053 大阪府大阪市中央区本町3丁目4番10号	フリガナ 氏　名	エフピータロウ FP太郎	電話 番号	(00　) 0000-0000

この明細書の記載に当たっては、「譲渡所得の申告のしかた（記載例）」（国税庁ホームページ【www.nta.go.jp】から
ダウンロードできます。税務署にも用意してあります。）を参照してください。
　なお、国税庁ホームページの「確定申告書等作成コーナー」の画面の案内に従って収入金額などの必要項目を入力する
ことにより、この明細書や確定申告書などを作成することができます。

1　譲渡した資産に関する明細

		合　計	建　物	土地・借地権
資 産 の 所 在 地 番			大阪府大阪市中央区本町○T H△番△	大阪府大阪市中央区本町○T H△番△
資産の利用状況 面　積			自己の居住用　150㎡	自己の居住用　120㎡
居　住　期　間			平成 24 年 11 月 ～令和 2 年 10 月	
譲渡先 住 所 又 は 所 在 地			大阪府大阪市北区角田町○丁目△番□	大阪府大阪市北区角田町○丁目△番□
氏 名 又 は 名 称			○○不動産	○○不動産
譲 渡 契 約 締 結 日			令和 2 年 10 月 28 日	令和 2 年 10 月 28 日
譲 渡 し た 年 月 日			令和 2 年 11 月 5 日	令和 2 年 11 月 5 日
資 産 を 取 得 し た 時 期			平成 24 年 11 月 5 日	平成 24 年 11 月 5 日
譲 渡 価 額	①	30,000,000円	円	円
取得費 取 得 価 額	②	52,000,000円	円	円
償 却 費 相 当 額	③	4,320,000円	円	円
差引（②－③）	④	47,680,000円	円	円
譲 渡 に 要 し た 費 用	⑤	960,000円	円	円
居住用財産の譲渡損失の金額 （①－④－⑤）	⑥	△18,640,000円	円	円

➤この金額を「居住用財産の譲渡損失の損益通算及び繰越控除の
対象となる金額の計算書」の①欄に転記してください。

2　買い換えた資産に関する明細

	合　計	建　物	土地・借地権
資 産 の 所 在 地 番		大阪府大阪市中央区本町○T H×番△	大阪府大阪市中央区本町○T H×番△
資産の利用状況・利用目的 面　積		自己の居住用　250㎡	自己の居住用　120㎡
買 換 資 産 の 取 得（予 定）日		令和 2 年 10 月 25 日	令和 2 年 10 月 25 日
居住の用に供した（供する見込）日		令和 2 年 10 月 25 日	
買 換 資 産 の 取 得（予 定）価 額	55,000,000円	25,000,000円	30,000,000円
買入れ先 住 所 又 は 所 在 地		大阪府大阪市北区角田町○丁目×番□	大阪府大阪市北区角田町○丁目×番□
氏 名 又 は 名 称		○○不動産	○○不動産
住宅の取得等に要した住宅借入金 等 の 金 額 及 び そ の 借 入 先		（借入先 △△銀行　　　　　　　） 20,000,000円	

関 与 税 理 士 名		税務署整理欄	資産課税部門 円	個 人 課 税 部 門
（電話　　　　　　）				純損失 （有・無）

(令和元年分以降用)

整理番号 ☐

居住用財産の譲渡損失の損益通算及び繰越控除の対象となる金額の計算書（令和 ２ 年分）【租税特別措置法第41条の５用】

住所又は事業所事務所居所など	541-0053 大阪府大阪市中央区本町3丁目4番10号	フリガナ	エフピータロウ
		氏 名	FP太郎

○ この計算書は、申告書と一緒に提出してください。

この計算書は、本年中に行った居住用財産の譲渡で一定のものによる損失の金額があり、その損失の金額について、本年分において、租税特別措置法第41条の５第１項（居住用財産の買換え等の場合の譲渡損失の損益通算の特例）の適用を受ける方及び翌年分以後の各年分において租税特別措置法第41条の５第４項（居住用財産の買換え等の場合の譲渡損失の繰越控除の特例）の適用を受けるために、本年分の居住用財産の譲渡損失の金額を翌年分以後に繰り越す方が使用します。
詳しくは、「譲渡所得の申告のしかた（記載例）」（国税庁ホームページ【www.nta.go.jp】からダウンロードできます。なお、税務署にも用意してあります。）をご覧ください。

居住用財産の譲渡損失の損益通算及び繰越控除の対象となる金額の計算

（赤字の金額は、△を付けないで書いてください。）

		円
特例の計算の基礎となる居住用財産の譲渡損失の金額 （「居住用財産の譲渡損失の金額の明細書《確定申告書付表》（居住用財産の買換え等の場合の譲渡損失の損益通算及び繰越控除用）」の⑥の合計欄の金額を書いてください。）	①	18,640,000
分離課税の対象となる土地建物等の譲渡所得の金額の合計額 （①の金額以外に土地建物等の譲渡所得の金額がある場合は、その金額と①の金額との通算後の金額を書いてください（黒字の場合は0と書きます。）。また、①の金額以外にない場合は、①の金額を書いてください。）	②	18,640,000
損益通算の特例の対象となる居住用財産の譲渡損失の金額（特定損失額） （①と②の金額のいずれか少ない方の金額を書いてください。）	③	18,640,000
本年分の純損失の金額 （上記③（※1）、申告書B第一表⑨及び申告書第三表⑱・⑲の金額の合計額又は申告書第四表⑪の金額を書いてください。なお、純損失の金額がないときは0と書きます。）	④	9,645,000
本年分が青色申告の場合：不動産所得の金額、事業所得の金額（※2）、山林所得の金額又は総合譲渡所得の金額（※3）のうち赤字であるものの合計額 （それぞれの所得の金額の赤字のみを合計して、その合計額を書いてください。）	⑤	
本年分が白色申告の場合：変動所得の損失額及び被災事業用資産の損失額の合計額 （それぞれの損失額の合計額を書いてください。なお、いずれの損失もないときは0と書きます。）	⑥	0
居住用財産の譲渡損失の繰越基準額 （④から⑤又は⑥を差し引いた金額（引ききれない場合は0）を書いてください。）	⑦	9,645,000
翌年以後に繰り越される居住用財産の譲渡損失の金額 （③の金額と⑦の金額のいずれか少ない方の金額を書いてください。ただし、譲渡した土地等の面積が500㎡を超えるときは、次の算式で計算した金額を書いてください。） $\left(\begin{array}{c}\text{③の金額と⑦の金額}\\\text{のいずれか少ない方}\\\text{の金額}\end{array}\right) \times \left\{1 - \left(\dfrac{\text{土地等に係る特定損失の金額}\quad 円}{\text{③の金額}\quad 円} \times \dfrac{\text{土地等の面積}\quad ㎡ - 500㎡}{\text{土地等の面積}\quad ㎡}\right)\right\}$ 円	⑧	9,645,000

※1　「上記③の金額」は、総合譲渡所得の黒字の金額（特別控除前）又は一時所得の黒字の金額（特別控除後、2分の1前）がある場合は、「上記③の金額」からその黒字の金額を差し引いた金額とします（「上記③の金額」より、その黒字の金額が多い場合は0とします。）。
※2　「事業所得の金額」とは、申告書B第一表の「所得金額」欄の①及び②の金額の合計額をいいます。
※3　「総合譲渡所得の金額」は、申告書第四表（損失申告用）の「1 損失額又は所得金額」の⑤、⑦の金額の合計額とします。

（令和元年分以降用）

Ⅱ. マイホームを取得・購入・増改築された方

マイホームを取得・購入又は増改築する際には、多額の資金が必要となります。
そのため、自己資金のほか、贈与により取得した資金、銀行・親族からの借入金等様々な種類の資金が投入されます。
購入資金のことばかりにとらわれて、税金面の配慮を怠ってしまうと、
税制面の優遇規定を受けることができない場合や、税負担が発生する場合があります。

■各種特例規定の判定

マイホームを取得・購入又は増改築された方で、一定の要件を満たす場合には以下のような特例規定の適用を受けることができます。

1. 住宅ローン控除（35頁）
2. 所得税額の特別控除（47頁）
3. 相続時精算課税
   （1）通常の相続時精算課税（51頁）
   （※）本書におきましては、下記（2）の住宅取得等資金の相続時精算課税の特例に該当しない相続時精算課税のことを、通常の相続時精算課税といいます。
   （2）住宅取得等資金の相続時精算課税の特例（53頁）
4. 直系尊属から住宅取得等資金の贈与を受けた場合の非課税の特例（57頁）
5. 贈与税の配偶者控除（65頁）

◆**各種特例規定の判定チャート**

（注）一定の要件を満たす新築や増改築等をした場合には各種ローン控除（34頁参照）又は所得税額の特別控除（47頁参照）を受けることができます。ただし、ほとんどの特別控除の規定は住宅ローン控除との選択制になっているため、両方の要件を満たす場合、適用には注意が必要です。（適用関係については50頁参照）

1. 住宅ローン控除

　住宅ローンによりマイホームを購入・新築・増改築等をした場合、一定の条件を満たせば、住宅ローンの年末残高に応じて所得税が減税されます。

（1）通常の住宅ローン控除

■ 控除額の計算方法

　控除率・控除限度額は居住した年月により異なり、令和2年1月1日から令和2年12月31日の間に居住開始した場合の控除額は、10年間に渡って、次のいずれか少ない金額となります。

> ① 住宅ローン残高【4,000万円（認定住宅等の場合は5,000万円）が上限（注）】× 1.0％
> ② 住宅ローン控除適用前の所得税額
> 　※①＞②となる場合は、住民税から控除可能（37頁）

なお、11年目から13年目までは、①の金額に代えて以下の金額となります。

（イ）住宅の税抜購入価格×2％÷3

（ロ）上記①の金額

（ハ）いずれか少ない金額

（注）住宅の対価の額又は費用の額に含まれる消費税の税率が8％又は10％でない場合は、住宅ローン残高の上限は2,000万円（認定住宅等の場合は3,000万円）になりますので、売買契約書又は請負契約書で適用されている消費税の税率をご確認ください。
　また、現在は令和3年1月以降に居住を開始した場合には、10年間の控除となっていますが、令和3年1月以降についても、正式に決まってはいませんが、期間が延長され、13年間の控除を受けることができるものと思われます。

■ 適用を受けるための条件

次の条件をすべて満たしていることが必要です。

〈住宅について〉
- ●住宅の購入・新築・増改築等の日から6か月以内に入居し、控除を受ける年の12月31日まで引き続き居住すること
- ●住宅の床面積が50㎡以上であること（増改築等の場合は工事後の床面積）
- ●中古住宅を購入した場合、築後20年（耐火構造は25年）以内であること
  - （※）一定の耐震基準構造適合耐火建築物又は既存住宅売買瑕疵保険に加入している既存住宅については、築後経過年数を問わない
  - （※）築年数要件及び耐震基準を満たさない中古住宅で、一定の申請手続きを経て耐震改修工事が行われたものについても適用対象
- ●店舗併用住宅の場合、床面積の2分の1以上が自己の居住用であること
- ●一定の親族等からの取得ではないこと
- ●認定住宅について、適用を受ける場合は、認定住宅であると証明されたものであること等

〈増改築等について〉
- ●工事の費用が100万円（補助金等の額を控除した金額）を超えること

〈住宅ローンについて〉
- ●返済期間が10年以上であること

〈その他〉
- ●その年の合計所得金額が3,000万円を超えないこと（超えた年だけ適用が受けられません）
- ●居住年及び居住年の前後各2年間のいずれかにおいて「3,000万円特別控除」などの特例を受けていないこと
- ●認定住宅等の新築等をした場合の特別控除、バリアフリー改修工事等特別控除・省エネ改修工事等特別控除の適用を受けないこと

■ 住宅ローン控除の再適用

　住宅ローン控除の適用を受けていた者が、給与等の支払い者から転任の命令その他これに準ずるやむを得ない事由により、その住宅に居住できなくなった後、再びその住宅に居住できるようになった場合には、再居住年（その住宅を賃貸の用に供していた場合には、再居住年の翌年）以後の各適用年（再び居住の用に供した日以後その年の12月31日まで引き続き居住の用に供している場合に限る）について、住宅ローン控除の再適用が認められます。この再適用を受けるためには、マイホームに居住しないこととなる日までに「転任の命令等により居住しないこととなる旨の届出書」に一定の書類を添付して税務署に提

出する必要がありますのでご注意ください。

　また、居住開始後、居住開始年中に上記の事由により居住ができなくなった場合についても、上記のケースと同様に再居住年以後住宅ローン控除の適用が認められています（この場合、転居の際の手続きは不要です。

■ 住民税における住宅ローン控除

　所得税の住宅ローン控除の適用を受けている者のうち、所得税からその年分の住宅ローン控除額を差引いた場合に残額（控除不足額）が生じるときは、一定の金額を翌年度分の個人住民税（所得割）から減額することができます。

❶ 住宅の対価の額又は費用の額に含まれる消費税が8％又は10％の場合

翌年度分の個人住民税で減額される金額	次の①又は②のうち、いずれか小さい金額 ① その年分の住宅ローン控除可能額－住宅ローン控除適用前の所得税 ② 所得税の課税総所得金額等×7％（最大136,500円）

❷ 上記❶以外の場合

翌年度分の個人住民税で減額される金額	次の①又は②のうち、いずれか小さい金額 ① その年分の住宅ローン控除可能額－住宅ローン控除適用前の所得税 ② 所得税の課税総所得金額等×5％（最大97,500円）

（2）増改築等を行った場合の住宅ローン控除

❶ 増改築等の場合の住宅ローン控除

マイホームを増改築等された方で、一定の要件を満たす場合には、住宅ローン控除の適用を受けることができます。

❷ バリアフリー改修住宅ローン控除

高齢者等がマイホームに対し、一定のバリアフリー改修を行った場合には、通常の住宅ローン控除（1）の適用に代えて、バリアフリー改修住宅ローン控除の適用を受けることができます。

●計算方法（バリアフリー改修住宅ローン控除適用前の所得税額が限度）

$$① \left\{ \left[\begin{array}{c} \text{年末ローン残高} \\ \text{（1,000万円が上限）} \end{array} \right] - \left[\begin{array}{c} \text{バリアフリーに係る年末ローン残高} \\ \text{（250万円が上限）（※1, 2）} \end{array} \right] \times 1\% \right\}$$

② バリアフリーに係る年末ローン残高（250万円が上限）（※1, 2）×2％

③ ①＋②＝バリアフリー住宅ローン控除の額（100円未満切捨）

（※1）補助金等の額を控除した金額。
（※2）費用の額に含まれる消費税の税率が8％又は10％でない場合は、200万円が上限。

●控除期間　5年間

●適用期間　平成19年4月1日から令和3年12月31日までの居住開始

●適用を受けるための条件

〈適用対象者〉次のいずれかに該当する方
　① 年齢50歳以上の方
　② 介護保険法の要介護又は要支援認定を受けている方
　③ 所得税法に規定する障害者である方
　④ ②又は③に該当する方と同居している方
　⑤ 65歳以上の親族と同居している方
　　（注）50歳、65歳、同居の判定は居住年の12月31日の現況によります。
〈住宅について〉
　通常の住宅ローン控除と同じ
〈住宅ローンについて〉
　返済期間が5年以上であること又は独立行政法人住宅金融支援機構からの借入金等で死亡時一括償還により支払う債務
〈その他〉
　●その年の合計所得金額が3,000万円を超えないこと（超えた年だけ適用が受けられません）
　●居住年及び居住年の前後各2年間のいずれかにおいて「3,000万円特別控除」などの特例を受けていないこと
　●通常の住宅ローン控除の適用を受けないこと
　●バリアフリー改修工事等の金額（補助金等により補てんされる部分の金額を除きます）が50万円を超えること
〈バリアフリー改修工事等〉
　① 廊下幅の拡幅　② 手すりの設置　③ 階段の勾配の緩和　④ 床表面の滑り止め化
　⑤ 浴室改良　⑥ 引き戸への取替工事　⑦ 便所改良　⑧ 屋内段差解消等

❸ 省エネ改修住宅ローン控除

　マイホームに対し、一定の省エネ改修を行った場合には、通常の住宅ローン控除（1）の適用に代えて、省エネ改修住宅ローン控除の適用を受けることができます。

●**計算方法**（省エネ改修住宅ローン控除適用前の所得税額が限度）

①　{ 年末ローン残高（1,000万円が上限） − 特定断熱改修工事等に係る年末ローン残高（250万円が上限）（※1、2） } ×1%

② 特定断熱改修工事等に係る年末ローン残高（250万円が上限）（※1、2）×2%

③ ①＋②＝省エネ改修住宅ローン控除の額(100円未満切捨)

（※1）補助金等の額を控除した金額。
（※2）費用の額に含まれる消費税の税率が8％又は10％でない場合は、200万円が上限。

●**控除期間**　5年間

●**適用期間**　平成20年4月1日から令和3年12月31日までの居住開始

●**適用を受けるための条件**

〈住宅について〉
　通常の住宅ローン控除と同じ

〈住宅ローンについて〉
　返済期間が5年以上であること

〈その他〉
　●その年の合計所得金額が3,000万円を超えないこと（超えた年だけ適用が受けられません）
　●居住年及び居住年の前後各2年間のいずれかにおいて「3,000万円特別控除」などの特例を受けていないこと
　●住宅ローン控除の適用を受けないこと
　●省エネ改修工事等の金額（補助金等の額を控除した金額）が50万円を超えること

〈省エネ改修工事〉

① 居室の全ての窓の改修工事
　　又は
② 居室の全ての窓の改修工事
　　　　{ 床の断熱工事
　　＋　 天井の断熱工事
　　　　 壁の断熱工事 }

●改修部分の省エネ性能が平成28年基準以上になるもの等

〈特定断熱改修工事〉
　上記、省エネ改修工事のうち、改修後の住宅全体の省エネ性能が平成28年基準相当になるもの等。

❹ 多世帯同居改修住宅ローン控除

　マイホームに対し、一定の多世帯同居改修を行った場合には、通常の住宅ローン控除（1）の適用に代えて、多世帯同居改修住宅ローン控除の適用を受けることができます。

●**計算方法**（特定多世帯同居改修住宅ローン控除適用前の所得税額が限度）

①	$\left\{ \begin{array}{c} \text{年末ローン残高} \\ \text{（1,000万円が上限）} \end{array} - \begin{array}{c} \text{特定断熱改修工事等に係る} \\ \text{年末ローン残高} \end{array} \right\}$ × 1%

② 特定多世帯同居改修工事等に係る年末ローン残高（250万円が上限）（※1）× 2 %
③ ①＋②＝省エネ改修住宅ローン控除の額（100円未満切捨）
（※1）補助金等の額を控除した金額。

●**控除期間**　5年間

●**適用期間**　平成28年4月1日から令和3年12月31日までの居住開始

●**適用を受けるための条件**

〈住宅について〉
　通常の住宅ローン控除と同じ
〈住宅ローンについて〉
　返済期間が5年以上であること
〈その他〉
　●その年の合計所得金額が3,000万円を超えないこと（超えた年だけ適用が受けられません）
　●居住年及び居住年の前後各2年間のいずれかにおいて「3,000万円特別控除」などの特例を受けていないこと
　●住宅ローン控除の適用を受けないこと
　●多世帯同居改修工事等の金額（補助金等の額を控除した金額）が50万円を超えること
〈多世帯同居改修工事〉

　① 調理室を増設する工事
　② 浴室を増設する工事
　③ 便所を増設する工事
　④ 玄関を増設する工事

■ よくある質問・・・

❶ サラリーマンが還付を受ける場合

Q 　年末のローン残高が3,000万円あるにもかかわらず、ローン残高の１％（30万円）の全額が還付されないのはなぜ？

A. サラリーマンは年末調整により所得税を納めていますが、住宅ローン減税は、納付した所得税が減税により還付されるという制度であるため、納付した所得税が少額の場合には、ローン残高の1％が還付されるとは限りません。

【設例】
●給与所得者：山本　太郎氏
●年収：5,000,000円
●源泉所得税：95,200円（復興特別所得税込みで97,100円）
●入居時期：令和2年3月入居（消費税10％物件）

上記【設例】による「源泉徴収票」の記入は、42頁をご参照ください。

　この場合、たとえ年末の借入金残高が3,000万円あったとしても、還付される所得税は源泉徴収税額（97,100円）のうち所得税に対応する部分95,200円が限度となります（還付される所得税に対応する復興特別所得税も同時に還付されます）。なお、上記のケースでは、源泉徴収税額97,100円のうち所得税に対応する金額95,200円が住宅ローン控除を控除した後で0円になるため、結果復興特別所得税に対応する金額1,900円も全額還付されることになります。

　また、控除不足額については、翌年納付する住民税から控除を受けることができますが、それでも所得が少ないときはローン残高の1％分の税金が還付されるとは限りません。

＜翌年の住民税から適用する住宅ローン控除額＞
① 30万円（住宅ローン控除可能額）－95,200円（※）＝204,800円（控除不足額）
② 1,904,000円（課税総所得金額）×7％＝133,280円 ＜ 136,500円（限度額）
　∴　133,280円
③ ①＞②　∴　133,280円
（※）源泉徴収税額97,100円のうち所得税に対応する部分

③ 給与支払報告書（個人別明細書）

※		※ 種 別	※ 整 理 番 号	※

※区分			（受給者番号）	
支払を受ける者	住所	大阪市中央区本町3-4-10	（個人番号）	
			（役職名）	
			氏名	（フリガナ）ヤマモト タロウ 山本 太郎

種 別	支 払 金 額	給与所得控除後の金額 （調整控除後）	所得控除の額の合計額	源 泉 徴 収 税 額
給料・賞与	5,000,000	3,560,000	1,555,513	97,100

（源泉）控除対象 配偶者の有無等			配偶者（特別） 控除の額	控除対象扶養親族の数 （配偶者を除く。）			16歳未満 扶養親族 の数	障害者の数 （本人を除く。）		非居住者 である 親族の数
有	従有	老人		特 定	老 人	その他		特 別	その他	
○										

社会保険料等の金額	生命保険料の控除額	地震保険料の控除額	住宅借入金等特別控除の額
695,513	50,000	50,000	

（摘要）

生命保険料の金額の内訳	新生命保険料の金額		旧生命保険料の金額		介護医療保険料の金額		新個人年金保険料の金額		旧個人年金保険料の金額	
住宅借入金等特別控除の額の内訳	住宅借入金等特別控除適用数		居住開始年月日（1回目）		住宅借入金等特別控除区分（1回目）		住宅借入金等年末残高（1回目）			
	住宅借入金等特別控除可能額		居住開始年月日（2回目）		住宅借入金等特別控除区分（2回目）		住宅借入金等年末残高（2回目）			

（源泉・特別）控除対象配偶者	（フリガナ）氏名		区分	配偶者の合計所得		国民年金保険料等の金額		旧長期損害保険料の金額	
	個人番号					基礎控除の額		所得金額調整控除額	

控除対象扶養親族		（フリガナ）氏名		区分	16歳未満の扶養親族		（フリガナ）氏名		区分	5人目以降の控除対象扶養親族の個人番号
	1	個人番号				1	個人番号			
	2	（フリガナ）氏名		区分		2	（フリガナ）氏名		区分	
		個人番号					個人番号			
	3	（フリガナ）氏名		区分		3	（フリガナ）氏名		区分	5人目以降の16歳未満の扶養親族の個人番号
		個人番号					個人番号			
	4	（フリガナ）氏名		区分		4	（フリガナ）氏名		区分	
		個人番号					個人番号			

未成年者	外国人	死亡退職	災害者	乙欄	本人が障害者		寡婦	ひとり親	勤労学生	中 途 就・退 職					受給者生年月日			
					特別	その他				就職	退職	年	月	日	元号	年	月	日
												2			昭和	42	11	30

支払者	個人番号又は法人番号		（支払者の法人番号13桁、個人事業主の場合は個人番号12桁を記載してください。）	
	住所（居所）又は所在地	大阪市中央区船場2-6-9		（電話）
	氏名又は名称	凸凹株式会社		

（市区町村提出用）

（摘要）には、扶養親族（5人以上いる場合）の氏名、同一生計配偶者の場合は氏名（同配）、控除対象扶養親族および16歳未満の扶養親族の欄に記載以外で所得金額調整控除の適用がある場合は氏名（調整）と記入してください。また、前職分の支払金額、支払者、社会保険料、源泉徴収税額等を記入してください。

❷ 住宅の敷地はローンで取得し、住宅は自己資金で建築した場合

Q 　私は、将来住宅を建築するためにローンでその敷地を取得していたのですが、今年、自己資金で住宅を建築することとしました。このような場合には、住宅ローン控除の対象とはならないのでしょうか。

A. 土地等の取得に係る借入金等の金額については、住宅の新築・取得に係るローン等の金額を有さない場合には、住宅ローン控除の適用がないこととされています。

したがって、ご質問のように、自己資金で住宅の建築をした場合には、その敷地の取得に係るローンのみで住宅ローン控除の適用を受けることはできません。

❸ 住宅取得等資金の贈与と住宅ローンで取得した場合

Q 　住宅取得等資金の贈与を受けた、残額を住宅ローンで取得した場合、併用は可能でしょうか。

A. 住宅取得等資金の贈与税の非課税の適用を受けている場合であっても、住宅ローン控除の適用を受けることは可能です。

ただし、住宅ローン控除の規定の適用を受ける金額の計算の基礎となる「住宅借入金等の金額の合計額」については、次の金額のうちいずれか低い金額となります。

① 住宅ローンの年末残高
② 住宅の取得価額等から住宅取得等資金の贈与税の非課税の適用を受けた受贈額を控除した額に相当する金額

❹ 住宅ローンを繰り上げ返済した場合

> **Q** 繰り上げ返済をした場合の注意点について教えてください。

A. **注意点1** 実際の年末の借入金残高を適用対象額にしていますか？

住宅ローン控除の対象となる借入金の年末残高は、返済予定表の残高ではなく、あくまで実際の年末残高です。今年中に返済すべき借入金を返済できなかった、あるいは来年以降に返済する予定のものを繰り上げて返済したとかいろいろあっても、要はその年の年末時点での実際残高で控除額を計算します。

注意点2 繰り上げ返済後、償還期間10年以上の要件を満たしますか？

当初の初回返済月から繰上げ返済後の最終返済予定月まで、なお10年以上あるかどうかです。繰り上げ返済したことでそれが10年未満に縮まると、その年から先は特例が受けられなくなります。（下記参照）

区 分	ケース①	ケース②	ケース③	ケース④
当初契約の償還期間	10年	15年	15年	20年
既返済期間	3年	3年	3年	3年
繰上返済後の返済期間	6年	8年	6年	9年
繰上返済後の通算償還期間	9年	11年	9年	12年
適用の可否	×	○	×	○

❺ 住宅ローンの借換えをした場合

Q 　借り換えをした場合の注意点について教えてください。

A. 次の二つの要件のすべてに当てはまる場合には、住宅ローン控除の対象となる住宅ローン等として取り扱われます。
　　① 新しい住宅ローン等が当初の住宅ローン等の返済のためのものであることが明らかであること。
　　② 新しい住宅ローン等が10年以上の償還期間であることなど住宅借入金等特別控除の対象となる要件に当てはまること。
　※住宅ローン控除を受けることができる年数は、居住の用に供した年から10年間であり、住宅ローン等の借り換えによって延長されることはありません。

❻ 東日本大震災により居住の用に供することができなくなった場合

Q 　私は、8年ほど前にマイホームを購入し、住宅ローン控除の適用を受けていましたが、東日本大震災により甚大な被害を受け、そのマイホームに住むことができなくなりました。震災による被害を受け、住むことができなくなった年以降について住宅ローン控除の適用を引き続き受けることは可能でしょうか。

A. 住宅ローン控除は、原則としてその年12月31日まで引き続き居住の用に供している場合に適用が可能ですが、災害があった場合は、災害があった日において居住の用に供していれば、災害があった年は住宅ローン控除の適用を受けることができます。
　また、災害があった年の翌年以降の住宅ローン控除の残りの期間につきましては、東日本大震災の被災者等に係る国税関係法律の臨時特例に関する法律の規定により、マイホームに居住できなくなった場合においても引き続き住宅ローン控除の適用を受けることができます。
　さらに、平成29年度税制改正により、災害に関する税制上の特例措置が別途設けられました。住宅ローン控除の適用を受けていたマイホームが災害により居住することができなくなった場合には、居住することができなくなった年に限らず、それ以降も住宅ローン控除の継続適用を受けることができます。ただし、その敷地を譲渡し、居住用財産の譲渡損失の特例を受ける場合など一定の場合については、住宅ローン控除の継続適用を受けることができません。

■ 住宅ローン控除の適用要件の弾力化

❶ 住宅ローン減税の特例措置（控除期間13年間）の適用

　新型コロナウイルス感染症の影響による住宅建設の遅延等の対応策として、住宅ローンを借りて新築した住宅、取得した建売住宅又は中古住宅、増改築等を行った住宅に、令和2年12月末までに入居できなかった場合でも、次に掲げる要件を満たす場合には、控除期間が13年に延長された住宅ローン控除を適用できることとする措置が講じられます。

> ① 新型コロナウイルス感染症の影響によって新築住宅、建売住宅、中古住宅又は増改築等を行った住宅への入居が遅れたこと
> ② 一定の期日までに新築、建売住宅、中古住宅の取得、増改築等に係る契約を行っていること
> 　新築の場合……………………………………………令和2年9月末まで
> 　建売住宅、中古住宅の取得、増改築等の場合……令和2年11月末まで
> ③ 令和3年12月末までの間に②の住宅に入居していること

❷ 中古住宅取得から6か月以内の入居要件

　住宅ローンを借りて取得した中古住宅について、その取得の日から入居までに6ヵ月超の期間が経過していた場合でも、次に掲げる要件を満たす場合には、当該住宅ローンに住宅ローン控除を適用できることとする措置が講じられています。

> ① 取得後に増改築等を行った中古住宅への入居が、新型コロナウイルス感染症の影響によって遅れたこと
> ② ①の増改築等の契約が、中古住宅取得の日から5か月後まで又は特例法施行の日の2か月後までに行われていること
> ③ ①の増改築等の終了後6か月以内に、当該住宅に入居していること

❸ 個人住民税における措置

　所得税において新型コロナウイルス感染症の影響を踏まえた住宅ローン控除の適用要件を弾力化する措置が講じられる場合には、当該措置の対象者についても、住宅ローン控除可能額のうち所得税から控除しきれなかった額を控除限度額の範囲内で個人住民税から控除することとなります。

❹ 申告手続

　上記❶及び❷の適用要件の弾力化がなされた住宅ローン控除を受ける場合には、所得税の確定申告書に「入居時期に関する申告書兼証明書」を添付して提出することが必要となります。

郵 便 は が き

5 4 2 8 7 9 0

1 2 4

料金受取人払郵便

大阪南局
承　認
2039

差出有効期間
令和4年8月
20日まで

（切手不要）

大阪市中央区谷町9－2－27
　　　　　　谷九ビル

実務出版株式会社

行

lil·ll||ıl॥ʰ॥ᵖ||ᵖ·ll·ll·l|l||ᵖᵖᵖᵖᵖᵖᵖᵖᵖᵖᵖᵖ॥ılıl

ご住所	〒(　　－　　　)		(いずれか に○印を 自宅・勤務先)	
	TEL		FAX	
お名前	（フリガナ）			年齢
				歳
（ご職業・お勤め先）				

マイホームの確定申告　　　　　　愛読者カード

　ご購読ありがとうございました。今後の出版企画の参考にさせていただきます。ぜひご意見をお聞かせください。

1　本書をお読みになったご感想

2　本書をお買い求めになった動機
　・書店で見て　　・人にすすめられて　　・案内書を見て
　・新聞広告を見て（　　　　　　　　　　　　　　　　　）
　・ネットを見て（　　　　　　　　　　　　　　　　　　）
　・書評・新刊紹介（　　　　　　　　　　　　　　　　　）
　・その他（　　　　　　　　　　　　　　　　　　　　　）

3　今後、実務出版で出してほしい本
　　（ご希望の出版物又は執筆者をお知らせください。）

4　新刊案内の送付（送って欲しい・不要）

5　お買い求めになった書店名

　　　　　　　　　市　　　　　　町　　　　　　　　　　書店

　　　　　　　　　　　　　　　　　　　ご協力ありがとうございました。

所得税額の特別控除

　以下の増改築や新築等を行った場合には、ローンを組まなくても所得税額の特別控除を受けることができます

（1）住宅耐震改修特別控除

　一定の計画区域内においてマイホームを現行の耐震基準に適合させる耐震改修を行った場合には、その年において所得税額の特別控除の適用を受けることができます。

●計算方法

耐震改修に係る耐震工事の標準的な費用の額（補助金等の額を除く）	× 10% =	住宅耐震特別控除額（100円未満切捨）（最高25万円）

（注）費用の額に含まれる消費税の税率が8％又は10％でない場合、住宅耐震特別控除額の最高控除額は20万円になります。工事請負契約書等で適用されている消費税の税率を確認してください。

●適用期間　平成18年4月1日から令和3年12月31日までの間に住宅耐震改修をした場合

●控除期間　耐震改修を行った年分のみ

●適用を受けるための条件

〈住宅について〉
●昭和56年5月31日以前の耐震基準により建築された家屋で、現行の耐震基準に適合していないものであること
●自己の居住の用に供する家屋であること
●自己の居住の用に供する家屋を二以上有する場合には、これらの家屋の内、その人が主としてその居住の用に供すると認められる一の家屋であること

〈その他〉
●その年の合計所得金額が3,000万円を超えても適用可能です。
●住宅ローン控除とも併用可能です。

（2）バリアフリー改修工事等特別控除

　一定の高齢者がマイホームのバリアフリー改修工事等を行い、改修工事等の日から6か月以内にそのマイホームを居住の用に供した場合には、その居住年において所得税額の特別控除の適用を受けることができます。

●**計算方法**

バリアフリー改修工事等の標準的な費用の額（補助金等の額を除き、最高200万円）（＊）	× 10% =	住宅特定改修特別税額控除額（100円未満切捨）（最高20万円）

（＊）改修工事等の標準的な費用の額が50万円を超えるものに限られます。
（注）費用の額に含まれる消費税の税率が8％又は10％でない場合、標準的な費用の額の上限は150万円になります。工事請負契約書等で適用されている消費税の税率を確認してください。

●**適用期間**　平成21年4月1日から令和3年12月31日までの居住開始

●**控除期間**　居住年のみ

●**適用を受けるための条件**　バリアフリー改修住宅ローン控除と同様（ただし、ローンの要件は不要）（38頁参照）

（3）省エネ改修工事等特別控除

　マイホームの省エネ改修工事等を行い、改修工事等の日から6か月以内にそのマイホームを居住の用に供した場合には、その居住年において所得税額の特別控除の適用を受けることができます。

●**計算方法**

省エネ改修工事等の標準的な費用の額（補助金等の額を除く）（＊）	× 10% =	住宅特定改修特別税額控除額（100円未満切捨）

（＊）改修工事等の標準的な費用の額が50万円を超えるものに限られ、限度額は250万円（太陽光発電設備の設置費用を含む場合は350万円）です。
（注）費用の額に含まれる消費税の税率が8％又は10％でない場合、標準的な費用の額の上限は200万円（太陽光発電設備の設置費用を含む場合は300万円）になります。工事請負契約書等で適用されている消費税の税率を確認してください。

●**適用期間**　平成21年4月1日から令和3年12月31日までの居住開始

●**控除期間**　居住年のみ

●**適用を受けるための条件**　省エネ改修住宅ローン控除と同様（ただし、ローンの要件は不要）（39頁参照）

（4）多世帯同居改修工事等特別控除

　マイホームの多世帯同居改修工事等を行い、改修工事等の日から6か月以内にそのマイホームを居住の用に供した場合には、その居住年において所得税額の特別控除の適用を受けることができます。

●**計算方法**

多世帯同居改修工事等の標準的な費用の額（補助金等の額を除く）（＊）	× 10% =	住宅特定改修特別税額控除額（100円未満切捨）

（＊）改修工事等の標準的な費用の額が50万円を超えるものに限られ、限度額は250万円です。

●**適用期間**　平成28年4月1日から令和3年12月31日までの居住開始
●**控除期間**　居住年のみ
●**適用を受けるための条件**　多世帯同居改修住宅ローン控除と同様（ただし、ローンの要件は不要）（40頁参照）

（5）認定住宅等の新築等をした場合の特別控除

　認定住宅等（認定長期優良住宅又は認定低炭素住宅）の新築等を行い、その新築等の日から6か月以内に居住の用に供した場合には、その居住年において所得税額の特別控除の適用を受けることができます。

●**計算方法**

認定住宅について講じられた構造及び設備に係る標準的な費用の額（＊）（最高650万円）	× 10% =	認定住宅新築等特別税額控除額（100円未満切捨）（最高65万円）

（＊）標準的な費用の額とは、構造の区分に関係なく43,800円に床面積を乗じて計算します。
（注）住宅の対価の額に含まれる消費税の税率が8％又は10％でない場合は、標準的な費用の額　の上限は500万円になりますので、工事請負契約書等で適用されている消費税の税率を確認してください。

●**適用期間**　平成21年6月4日から令和3年12月31日

●**控除期間**　居住年のみ（ただし、居住年の所得税の額から控除しても控除しきれない金
　　　　　　　額があるときは翌年の所得税の額から控除することが可能）

●**適用を受けるための条件**

〈住宅について〉
●認定住宅であると証明されたものであること
●新築の住宅ローン控除と同じ（ローンの要件は不要）（20頁参照）
〈その他〉
●その年の合計所得金額が3,000万円を超えないこと（翌年の所得税から控除する場合には翌年の合計所得金額が3,000万円を超えないこと）
●居住年の前年及び前々年において「3,000万円特別控除」などの特例を受けていないこと
●住宅ローン控除の適用を受けないこと

【参考】改修工事に係るローン控除と特別控除の適用関係

3. 相続時精算課税

（1）通常の相続時精算課税

　贈与税の課税制度には、「暦年課税」と「相続時精算課税」の2つがあり、一定の要件に該当する場合には、相続時精算課税を選択することができます。この制度は、贈与時に贈与財産に対する贈与税を納め、その贈与者が亡くなった時にその贈与財産の贈与時の価額と相続財産の価額とを合計した金額を基に計算した相続税額から、既に納めたその贈与税相当額を控除することにより贈与税・相続税を通じた納税を行うものです。

❶ 相続時精算課税を選択した場合における贈与税額の計算方法

（注）・特別控除額は、2,500万円に達するまで、複数年にわたり控除できます。したがって、2,500万円までの贈与には、贈与税は課税されません。
　　　・相続時精算課税を選択した贈与者からの贈与については、従来の贈与税の基礎控除110万円の控除はできません。
　　　・贈与税の税率は、10％～55％の超過累進税率ではなく、一律20％の税率となります。
　　　　ただし、贈与者が死亡した時にはその贈与財産の贈与時の価額を相続財産の価額に加算して相続税で再計算することにより、支払った贈与税が精算されます。

❷ 相続時精算課税を選択した場合における相続税額の計算方法

　相続税額は、相続時精算課税を選択した年以後の各年において取得した贈与財産の合計額と相続により取得した相続財産の合計額との合算額を課税価格とし、この課税価格を基にして相続税の課税方式（法定相続分による遺産取得課税方式）によって算出した相続税額から、既に支払った相続時精算課税に係る贈与税額を控除した額とします。

　なお、相続時精算課税を適用して贈与を受けた財産の価額を相続財産に加算した価額の合計額が相続税の基礎控除額以下であれば相続税の申告は必要ありません。相続税額から控除しきれない贈与税額がある場合には、その控除しきれない贈与税額は、相続税の申告をすることによって還付を受けることができます。

■ 適用を受けるための条件

＜贈与者＞

　贈与をする者は、次の要件を満たす者であること

●贈与をした年の1月1日において60歳以上である者であること

＜受贈者＞

　贈与を受けた者は、次の要件を満たす者であること

●贈与した者（父母又は祖父母）の直系卑属である推定相続人（子又は孫）（養子又は代襲相続人を含む）であること

　なお、贈与により「非上場株式等についての贈与税の納税猶予及び免税の特例」の適用に係る非上場株式等を取得する場合は、受贈者が贈与者の直系卑属である推定相続人以外の者でも適用できます。

●贈与を受けた年の1月1日現在、20歳以上であること

●贈与を受けた者が贈与を受けた年の翌年2月1日から3月15日までの間に、相続時精算課税選択

　届出書を提出する者であること

■ 適用手続

　相続時精算課税の適用を受けようとする受贈者は、贈与を受けた財産に係る贈与税の申告期間内に「相続時精算課税選択届出書」（贈与者ごとに作成しなければなりません）と一定の添付書類（84頁参照）を贈与税の申告書に添付し、贈与税の納税地の所轄税務署長に提出しなければなりません。

　「相続時精算課税選択届出書」を提出した場合には、その届出書に係る贈与者からの贈与により取得する財産については、相続時精算課税を適用した年分以降、すべて相続時精算課税の適用を受けることになります。

　なお、提出された「相続時精算課税選択届出書」は撤回することはできません。

（2）住宅取得等資金の相続時精算課税の特例

　20歳以上（その年の1月1日現在）の子又は孫（贈与者の直系卑属である推定相続人）が、父母又は祖父母から自己の居住の用に供する一定の家屋の新築、取得（家屋とともに取得する土地等の取得を含む）をするための資金の贈与を受けた場合、又は自己の居住の用に供する家屋につき行う一定の増改築等のための資金の贈与を受けた場合には、資金の贈与者である父母又は祖父母が<u>60歳未満であっても（1）の相続時精算課税を選択することができます。</u>

●相続時精算課税を選択した場合における贈与税額の計算方法

　ただし、贈与者が死亡した時にはその贈与財産の贈与時の価額を相続財産の価額に加算して相続税で再計算することにより、支払った贈与税が精算されます。

■ 適用を受けるための条件

<**贈与された金銭の使途**>
● 住宅の新築又は新築住宅の取得（＊1）（＊2）
● 中古住宅の取得（＊1）
● 所有家屋の増改築
　（＊1）その住宅用家屋の取得と共にするその敷地である土地等の取得を含む。
　（＊2）土地等の先行取得も含みます（ただし、贈与年の翌年3月15日までにその土地の上に住宅用家屋
　　　　の新築をする場合に限ります）。

<**住宅について**>
　資金の贈与を受けた年の翌年3月15日までに住宅取得等資金の全額を充てて次のすべての条件
を満たす住宅の新築・取得・増改築等をし、かつ、翌年3月15日までにその住宅を居住の用に供
すること又は贈与を受けた年の翌年の年末までに居住していること。
● 家屋の床面積は50㎡以上で、床面積の2分の1以上が自己の居住用であること
● 中古住宅を購入した場合、築後20年（耐火構造は25年）以内であること
　（※）一定の耐震基準構造適合耐火建築物又は既存住宅売買瑕疵保険に加入している既存住宅については、
　　　　築後経過年数を問わない
　（※）築年数要件及び耐震基準を満たさない中古住宅で、一定の申請手続きを経て耐震改修工事が行われ
　　　　たものについても適用対象
● 増改築等の場合は、工事費用が100万円以上であること、増改築後の床面積が50㎡以上である
　こと、その他の要件を満たしていること

<**その他**>
　住宅取得等資金の贈与を受けた者は、次の要件を満たす者であること
● 次のいずれかに該当する者であること
　① 贈与を受けた時に日本国内に住所を有すること（受贈者が一時居住者（＊3）であり、かつ、
　　　贈与者が一時居住贈与者（＊4）又は一定の外国人贈与者（＊5）である場合を除きます。）
　② 贈与を受けた時に日本国内に住所を有しないものの日本国籍を有し、かつ、その贈与以内
　　　に日本国内に住所を有したことがあること
　③ 贈与を受けた時に日本国内に住所を有しないものの日本国籍を有し、その贈与前年以内に
　　　日本国内に住所を有したことがなく、かつ、贈与者が一時居住贈与者（＊4）及び一定の
　　　外国人贈与者（＊5）のいずれにも該当しないこと
　④ 贈与を受けた時に、日本国内に住所も日本国籍も有しておらず、贈与者が　一時居住贈与
　　　者及び一定の外国人贈与者のいずれにも該当しないこと
　（＊3）「一時居住者」とは、贈与の時に在留資格を有し、その贈与前15年以内において日本国内に住所を
　　　　有していた期間の合計が10年以下であるもの
　（＊4）「一時居住贈与者」とは、贈与の時に在留資格を有し、かつ、日本国内に住所を有していた贈与者であっ
　　　　て、贈与の日前15年以内に日本国内に住所を有していた期間の合計が10年以下の者をいいます
　（＊5）「一定の外国人贈与者」とは、贈与の時に日本国内に住所を有していなかった贈与者であって、その
　　　　贈与の日前10年以内に日本国内に住所を有していたことがある者のうち次に掲げる者をいいます
　　　イ）日本国内に住所を有しなくなった日前15年以内において日本国内に住所を有していた
　　　　　期間の合計が10年以下である人（その期間引き続き日本国籍を有していなかった人に
　　　　　限ります。）
　　　ロ）日本国内に住所を有しなくなった日前15年以内において日本国内に住所を有していた
　　　　　期間の合計が10年を超える人（その期間引き続き日本国籍を有していなかった人に限
　　　　　ります。）のうち同日から2年を経過している人
● 贈与した者（父母又は祖父母）の直系卑属である推定相続人（子又は孫）（養子又は代襲相続
　人を含む）であること
● 贈与を受けた年の1月1日現在、20歳以上であること
● 贈与を受けた者が贈与を受けた年の翌年2月1日から3月15日までの間に相続時精算課税選択
　出書を提出する者であること（52頁参照）

■ 新築住宅の取得時期及び入居時期

この特例の適用要件のひとつに「贈与を受けた年の翌年3月15日までに住宅の取得等をすること」というものがありますので、住宅の取得時期にあわせて贈与を受けるタイミングを決めることが必要です。新築住宅の「住宅の取得時期と入居時期」は次のとおりとなっていますので、ご注意ください

❶ 取得時期

マンション 分譲住宅など ▶ 贈与を受けた年の翌年3月15日までに**その住宅の引渡し**を受けていることが必要です。

注文住宅など ▶ 贈与を受けた年の翌年3月15日までに土地に定着した建造物として認められる状態（**棟上げの状態**）ができているのであれば適用を受けることができます（ただし、新築に準ずる状態であっても同日までに住宅取得等資金の全額を支払っていない場合は適用を受けることはできません）。

❷ 居住開始時期

贈与を受けた年の翌年3月15日において居住の用に供している場合のほか、居住の用に供することが確実な場合についても適用を受けることが可能ですが、その際には、贈与を受けた年の翌年の年末までに居住していることが必要です。

■ 適用除外

次に掲げる者からの取得・増改築等は、適用を受けることができません。
① 住宅取得等資金受贈者の直系血族
② 住宅取得等資金受贈者の親族（配偶者及び直系血族を除く）で、その受贈者と生計を一にしているもの
③ 住宅取得等資金受贈者と内縁関係にある者、及びその者と生計を一にしているその親族
④ 住宅取得等資金受贈者の配偶者及び上記①～③以外の者で、その受贈者から受ける金銭等によって生計を維持

			相続時精算課税	
			通常の場合	住宅取得等資金の贈与
贈与時	年齢の制限	贈与者	60歳以上の父母又は祖父母	父母又は祖父母（年齢制限なし）
		受贈者	20歳以上の子又は孫（養子又は代襲相続人を含む）	
	贈与制度の選択		各受贈者が贈与者ごとに、贈与制度の選択をすることができる	
	受贈財産		制限なし	金銭
	税額計算		（選択した贈与者ごとの贈与財産の累積価額－特別控除額）×20％	
	税率		一律20％	
	特別控除額		2,500万円	
	適用期間		恒久的措置	H15.1.1 ～ R3.12.31
	増改築等の要件			床面積が50㎡以上で、その工事に要した費用の額が100万円以上のもの
相続時	生前贈与加算の取扱い		相続時精算課税適用者に対するすべての贈与について相続財産に加算される	
	贈与税額控除		控除しきれない贈与税相当額については還付される	

直系尊属から住宅取得等資金の贈与を受けた場合の非課税の特例

　20歳以上(その年の1月1日現在)の者が、平成27年1月1日から令和3年12月31日までの間に、父母や祖父母など直系尊属から自己の居住の用に供する一定の家屋の新築、取得(家屋とともに取得する土地等の取得を含む)をするための資金の贈与を受けた場合、又は自己の居住の用に供する家屋の一定の増改築等のための資金の贈与を受けた場合には、その住宅取得等資金のうち一定の金額について贈与税が非課税となります。

■ 非課税枠

❶ 住宅用家屋の取得等に係る対価の額又は費用の額に含まれる消費税等の税率が10％である場合

住宅用家屋の取得等に係る契約の締結期間	省エネ・耐震性がある住宅	左記以外の住宅
平成31年4月1日～令和2年3月31日	3,000万円	2,500万円
令和2年4月1日～令和3年3月31日	1,500万円	1,000万円
令和3年4月1日～令和3年12月31日	1,200万円※1	700万円※2

※1 東日本大震災の被災者の非課税枠は、1,500万円
※2 東日本大震災の被災者の非課税枠は、1,000万円

❷ 上記❶以外の場合

住宅用家屋の取得等に係る契約の締結期間	省エネ・耐震性がある住宅	左記以外の住宅
～平成27年12月31日	1,500万円	1,000万円
平成28年1月1日～令和2年3月31日	1,200万円※3	700万円※4
令和2年4月1日～令和3年3月31日	1,000万円※3	500万円※4
令和3年4月1日～令和3年12月31日	800万円※3	300万円※4

※3 東日本大震災の被災者の非課税枠は、1,500万円
※4 東日本大震災の被災者の非課税枠は、1,000万円

<省エネ・耐震性がある住宅>

　省エネ・耐震性がある住宅とは、次のいずれかの基準に該当するものをいいます。

●省エネ基準

　国土交通省の断熱等性能等級4若しくは一次エネルギー消費量等級4以上であること
　平成27年3月31日以前に証明書等の申請があった場合は、省エネルギー対策等級4相当の家屋も対象となります。

●省エネ基準国土交通省の耐震等級2若しくは等級3の基準に適合していること、又は、国土交通省の免震建築物の基準に適合していること

●高齢者等配慮基準

　高齢者等配慮対策等級(専用部分)3以上の基準に適合していること

■ 過去に非課税特例の適用を受けている場合の非課税限度額

受贈者の令和2年分の合計所得金額が2,000万円以下

YES　　　　　　　　　　　　　　　　　　　NO

受贈者の令和2年分の合計所得金額が2,000万円以下

YES　　　　　　　　　　　　　　　　　　　NO

適用なし

1.　家屋等の対価に含まれる消費税額等が10%の場合（特別住宅資金非課税限度額）		
新築・取得・増改築等に係る契約年月日	省エネ等住宅	左記以外の住宅
平成31年4月1日～令和2年3月31日	3,000万円	2,500万円
令和2年4月1日～令和3年3月15日	1,500万円	1,000万円
2.　上記1以外の場合（住宅資金非課税限度額）		
新築・取得・増改築等に係る契約年月日	省エネ等住宅	左記以外の住宅
～平成27年12月31日	1,500万円	1,000万円
平成28年1月1日～令和2年3月31日	1,200万円	700万円
令和2年4月1日～令和3年3月15日	1,000万円	500万円

令和2年分の非課税限度額	－非課税適用額＝　　　　　　円

（出典：ＴＫＣ贈与税申告書作成システム）

■ 適用を受けるための要件

<**贈与された金銭の使途**>
- 住宅の新築又は新築住宅の取得（＊1）（＊2）
- 中古住宅の取得（＊1）
- 所有家屋の増改築
  - （＊1）その住宅用家屋の取得と共にするその敷地である土地等の取得を含む。
  - （＊2）土地等の先行取得も含みます（ただし、贈与年の翌年3月15日までにその土地の上に住宅用家屋の新築をする場合に限ります）。

<**住宅について**>
　資金の贈与を受けた年の翌年3月15日までに住宅取得等資金の全額を充てて次のすべての条件を満たした住宅の取得・増改築等をし、かつ、翌年3月15日までにその住宅を居住の用に供すること、又は贈与を受けた年の翌年の年末までに居住していること。
- 家屋の床面積が50㎡以上240㎡以下（東日本大震災の被災者については、240㎡超でも可）であること、床面積の2分の1以上が自己の居住用であること
- 中古住宅を購入した場合、築後20年（耐火構造は25年）以内であること
  - （※）一定の耐震基準構造適合耐火建築物又は既存住宅売買瑕疵保険に加入している既存住宅については、築後経過年数を問わない
  - （※）築年数要件及び耐震基準を満たさない中古住宅で、一定の申請手続きを経て耐震改修工事が行われたものについても適用対象
- 増改築等の場合は、工事費用が100万円以上であること、増改築後の床面積が50㎡以上240㎡以下（東日本大震災の被災者については、240㎡超でも可）であること、その他の要件を満たしていること
- 省エネ・耐震性がある住宅は、一定の証明書（92頁参照）により証明がされているものであること

<**その他**>
　住宅取得等資金の贈与を受けた者は、次の要件を満たす者であること
- 次のいずれかに該当する者であること
  - ① 贈与を受けた時に日本国内に住所を有すること（受贈者が一時居住者（54頁参照）であり、かつ、贈与者が一時居住贈与者（54頁参照）又は一定の外国人贈与者（54頁参照）である場合を除きます。）
  - ② 贈与を受けた時に日本国内に住所を有しないものの日本国籍を有し、かつ、その贈与前10年以内に日本国内に住所を有したことがあること
  - ③ 贈与を受けた時に日本国内に住所を有しないものの日本国籍を有し、その贈与前10年以内に日本国内に住所を有したことがなく、かつ、贈与者が一時居住贈与者（54頁参照）及び一定の外国人贈与者（54頁参照）のいずれにも該当しないこと
  - ④ 贈与を受けた時に日本国内に住所も日本国籍も有しておらず、贈与者が一時居住贈与者及び一定の外国人贈与者のいずれにも該当しないこと
- 直系尊属から住宅取得等資金の贈与を受けた者であること
- 贈与を受けた年の1月1日現在、20歳以上であること
- 贈与を受けた年分の合計所得金額が2,000万円以下の者であること

■ 新築住宅の取得時期及び居住開始時期

『3.（2）住宅取得等資金の相続時精算課税の特例』の場合と同様です。（55頁参照）

■ 適用除外

『3.（2）住宅取得等資金の相続時精算課税の特例』の場合と同様です。（55頁参照）

■ 適用手続

　直系尊属から住宅取得等資金の贈与を受けた場合の非課税の特例の適用を受けようとする受贈者は、贈与を受けた財産に係る贈与税の申告期限内に一定の添付書類（88頁参照）を贈与税の申告書に添付し、贈与税の納税地の所轄税務署長に提出しなければなりません。

■ 適用上のポイント

- 父母だけでなく、祖父母からの贈与も対象
- 贈与期間は令和3年12月31日までの贈与が対象
- 非課税特例適用後の残額に対して暦年課税における基礎控除額（110万円）、もしくは相続時精算課税に係る特別控除額（2,500万円）の適用ができます。
- 暦年贈与による贈与であっても、相続開始前3年以内の贈与に係る生前贈与加算の対象とはなりません。
- 相続時精算課税を選択している者においても非課税金額に相当する部分は相続財産の価額に加算する必要はありません。
- 住宅取得等資金の贈与を受けた年の翌年12月31日までに居住することが確実であるとして本特例の適用を受けた場合において、同日までに居住していないときは、同日から2か月以内に修正申告書を提出しなければなりません。この修正申告書を故意に提出しない場合は、5年以下の懲役又は500万円以下の罰金に処することとされています。（53頁に記載の「住宅取得等資金の相続時精算課税の特例」も同様の取扱い）

■ よくある質問・・・

● 住宅取得等資金の贈与税の非課税の特例における 取得期限の延長

Q 　住宅取得等資金の非課税の特例について、次の場合に該当し、期限までに住宅の取得又は居住ができなかった場合でも適用を受けることはできますか。

① 令和元年に父から住宅資金の贈与を受けて、家屋の棟上げまで工事が終了し、令和2年12月31日までに居住する見込みであるとして、この特例の適用を受けて贈与税の申告を行ったが、新型コロナウイルス感染症の影響により住宅の新築工事の工期が延長され同日までに居住できなかった場合

② 令和2年1月に母から贈与を受けた住宅資金について特例の適用を受ける予定であり、令和3年3月15日までに住宅を新築する見込みであったが、新型コロナウイルス感染症の影響により工事の工期が延長され、同日までに工事が完了できない場合

A. 「住宅取得等資金の贈与税の非課税の特例」の適用を受けるためには、取得期限（贈与を受けた年の翌年3月15日）までに住宅取得等資金の全額を充てて住宅用の家屋の新築（いわゆる棟上げまで工事が了している状態を含みます。）又は取得等をし、居住期限（同年12月31日）までにその家屋に居住する必要があります。

ただし、「災害に基因するやむを得ない事情」により、取得期限までに新築等ができなかった場合又は居住期限までに居住ができなかった場合には、それぞれの期限が1年延長され、特例の適用を受けることができます（租税特別措置法70条の2第10項、第11項）。

今般の新型コロナウイルス感染症に関しては、例えば、緊急事態宣言などによる感染拡大防止の取組に伴う工期の見直し、資機材等の調達が困難なことや感染者の発生などにより工事が施行できず工期が延長される場合など、新型コロナウイルス感染症の影響により生じた自己の責めに帰さない事由については、「災害に基因するやむを得ない事情」に該当するものと認められます。

したがって、お尋ねの場合が、上記のやむを得ない事情に該当するときは、

- ①の場合については、居住期限の延長がされますので、その延長後の居住期限（令和3年12月31日）までにその家屋に居住すれば、この特例の適用を受けることができます。

- ②の場合については、取得期限と居住期限が延長されますので、その延長後の取得期限（令和4年3月15日）までにその家屋を取得し、延長後の居住期限（令和4年12月31日）までにその家屋に居住すれば、この特例の適用を受けることができます。

（出展：国税庁HP「国税における新型コロナウイルス感染症拡大防止への対応と申告や納税などの当面の税務上の取扱いに関するFAQ」）

■ 暦年贈与と相続時精算課税との課税価額の計算方法の相違点

※住宅用家屋の取得等に係る対価の額又は費用の額に含まれる消費税等の税率が10%である場合は
（　）内の金額。

■ 【設例】による／贈与税申告書の作成例

【設例】
・令和2年6月1日に甲野太郎が省エネ等住宅の新築に係る契約を締結
・家屋に係る消費税等の税率は10%
・令和2年7月7日に直系尊属である甲野一郎より3,500万円を住宅取得資金として贈与により取得
・令和3年1月31日に新築等した家屋を居住の用に供した場合
【贈与税額の計算】
・令和2年4月1日～令和3年3月31日までの間に省エネ等住宅で消費税額が10%に該当する家屋
　の新築等に係る契約を締結したため、非課税限度額は1,500万円になります。
・（3,500万円-1,500万円-110万円）×45％ -265万円＝5,855,000円が令和2年分の贈与税額に
　なります。

【申告書・明細書の記載例】

令和02年分贈与税の申告書（贈与税の額の計算明細書）　FD4728

住所　大阪市中央区本町3丁目4番10号
フリガナ　コウノ　タロウ
氏名　甲野 太郎
生年月日　4 03.07.07　職業　会社員

特例贈与財産分
東京都千代田区内幸町1丁目1番1号
コウノ　イチロウ
甲野 一郎　345 06 06
現金、預貯金／現金、預貯金／住宅取得資金
令和02年07月07日
200000000
申告書第一表の二のとおり

特例贈与財産の価額の合計額（課税価格）①　200000000

一般贈与財産の価額の合計額（課税価格）②
配偶者控除額③

暦年課税分の課税価格の合計額④　200000000
基礎控除額⑤　1100000
⑤の控除後の課税価格⑥　189000000
⑥に対する税額⑦　58550000
外国税額の控除額⑧
医療法人持分税額控除額⑨
差引税額⑩

課税価格の合計額⑬　200000000
差引税額の合計額納付すべき税額⑭　58550000
農地等納税猶予税額⑮　00
株式等納税猶予税額⑯　00
特例株式等納税猶予税額⑰　00
医療法人持分納税猶予税額⑱　00
事業用資産納税猶予税額⑲　00
申告期限までに納付すべき税額⑳　58550000
差引税額の合計額納付すべき税額の増加額㉑　00
申告期限までに納付すべき税額の増加額㉒　00

令和元年分贈与税の申告書（住宅取得等資金の非課税の計算明細書）　　FD4745

受贈者の氏名	甲野　太郎

第一表の二（令和元年分用）（第一表の二は、必要な添付書類とともに申告書第一表と一緒に提出してください。）

次の住宅取得等資金の非課税の適用を受ける人は、□の中にレ印を記入してください。

☑ 私は、租税特別措置法第70条の2第1項の規定による住宅取得等資金の非課税の適用を受けます。（注1）

（単位：円）

住宅取得等資金の非課税分

非課税限度額の計算

贈与者の住所・氏名（フリガナ）・申告者との続柄・生年月日	取得した財産の所在場所等	住宅取得等資金を取得した年月日／住宅取得等資金の金額
住所 東京都千代田区内幸町1丁目1番1号		平成・令和 02年07月07日
		35000000
フリガナ コウノ　イチロウ		
氏名 甲野　一郎　　続柄1　父・母・祖父・祖母・上記以外（1・2・3・4・5）		平成・令和　　年　　月　　日
生年月日 明治1・大正2・昭和3・平成4　3450606	住宅取得等資金の合計額 ㉜	35000000

贈与者の住所・氏名（フリガナ）・申告者との続柄・生年月日	取得した財産の所在場所等	住宅取得等資金を取得した年月日／住宅取得等資金の金額
住所		平成・令和　　年　　月　　日
フリガナ		
氏名　　続柄　父・母・祖父・祖母・上記以外（1・2・3・4・5）		平成・令和　　年　　月　　日
生年月日 明治1・大正2・昭和3・平成4	住宅取得等資金の合計額 ㉝	

項目	契約年月日	金額
住宅資金非課税限度額（注2）新築・取得・増改築等に係る契約年月日 ㉞	平成・令和　　年　　月　　日	
平成27年分から30年分までの贈与税の申告で非課税の適用を受けた金額（注3）㉟		
住宅資金非課税限度額の残額（㉞－㉟）㊱		
特別住宅資金非課税限度額（注2）新築・取得・増改築等に係る契約年月日 ㊲	平成・令和 02年06月01日	15000000

贈与者の非課税額の適用・受贈者の非課税額の合計額

項目		金額
㉜のうち非課税の適用を受ける金額	㊵	15000000
㉝のうち非課税の適用を受ける金額	㊶	
非課税の適用を受ける金額の合計額（㊵＋㊶）（㊱の金額と㊲の金額の合計額を限度とします。）	㊷	15000000
㉜のうち課税価格に算入される金額（㉜－㊵）（㉜に係る贈与者の「財産の価額」欄（申告書第一表又は第二表）にこの金額を転記します。）	㊸	20000000
㉝のうち課税価格に算入される金額（㉝－㊶）（㉝に係る贈与者の「財産の価額」欄（申告書第一表又は第二表）にこの金額を転記します。）	㊹	

（注1）　住宅取得等資金の非課税の適用を受ける人で、令和元年分の所得税及び復興特別所得税の確定申告書を提出した人は次の欄を記入し、提出していない人は合計所得金額を明らかにする書類を贈与税の申告書に添付する必要があります（令和元年分の所得税に係る合計所得金額が2,000万円超の場合には、住宅取得等資金の非課税の適用を受けることができません。）。

所得税及び復興特別所得税の確定申告書を提出した年月日	・　・	提出した税務署	税務署

（注2）　非課税限度額については、申告書第一表の二（控用）の裏面をご参照ください。

（注3）　租税特別措置法第70条の2第12項の規定に該当する場合には、記入は不要です。

（注4）　住宅取得等資金の非課税又は住宅取得等資金の贈与を受けた場合の相続時精算課税選択の特例（以下、これらを「住宅取得等資金の贈与の特例」といいます。）の適用を受ける人が、所得税の（特定増改築等）住宅借入金等特別控除の適用を受ける場合には、（特定増改築等）住宅借入金等特別控除額の計算上、住宅の取得等又は住宅の増改築等の対価等の額から住宅取得等資金の贈与の特例の適用を受けた部分の金額を差し引く必要がありますのでご注意ください。

＊ 税務署整理欄	整理番号		名簿		確認	

＊欄には記入しないでください。

（資5－10－1－3－A4統一）（令元.10）

5. 贈与税の配偶者控除

　婚姻期間が20年以上の配偶者から居住用不動産又は居住用不動産を取得するための金銭の贈与を受けた場合の贈与税は、贈与税の基礎控除（110万円）とは別に2,000万円を配偶者控除額として控除して計算することができます。

$$\left(\begin{array}{c}\text{贈与を受けた}\\\text{財産の価額}\end{array} - \begin{array}{c}\text{配偶者控除}\\\text{2,000万円}\end{array} - \begin{array}{c}\text{基礎控除}\\\text{110万円}\end{array}\right) \times \text{贈与税の税率}$$

■ 適用を受けるための条件

〈婚姻期間の判定〉
　婚姻期間が20年以上あるかどうかは、婚姻の届け出のあった日から贈与の日までの期間によって計算します。したがって、入籍していない期間は婚姻期間に含めません。なお、婚姻期間に1年未満の端数があるときは、その端数は切り捨てて判定します。

〈贈与財産の範囲〉
　次のいずれかに該当する居住用不動産又は居住用不動産を取得するための金銭の贈与であること
●居住用の不動産で、贈与を受けた年の翌年3月15日までに居住し、その後も引き続き居住する見込みであるもの
●居住用不動産を取得するための金銭で、贈与を受けた翌年の3月15日までに居住用不動産の取得に充て、かつ、同日までに居住し、その後も引き続き居住する見込みであること

■ 注意点

●配偶者控除は同一の配偶者について一生に一回しか適用されない。
●内縁関係にある人は特例の控除対象者にならない。
●居住用不動産を贈与する場合は、相続税評価額が基準になるため実勢価格で2,000万円以上の財産を配偶者に移すことができる。
●居住用不動産を贈与する場合は、次の登録免許税が課税される
　固定資産税評価額×2.0%
●居住用不動産を贈与する場合若しくは贈与により取得した金銭をもって居住用不動産を購入する場合には次の不動産取得税が課税される
　土地：固定資産税評価額×1/2×3%
　建物：固定資産税評価額×3%

6. 不動産の名義に関する注意点

■ 2人以上で購入資金を負担した場合

　土地や建物の取得にあたり、2人以上で購入資金を負担した場合、その負担割合に応じた登記をしないと贈与税の課税が生じます。

　例えば、父が2,000万円、子が1,000万円の負担をしていたにもかかわらず、それぞれの持分を2分の1として登記すれば、3,000万円×1/2＝1,500万円がそれぞれの持分となり、子は1,500万円－1,000万円＝500万円の贈与を父から受けたことになります。

　したがって、この場合は、父3分の2、子3分の1として登記すれば贈与税の課税を回避できます。

■ 連帯債務の場合

　夫の所得水準での借入金だけでは資金が不足するため、妻との連帯債務で融資を受けるようなときには、連帯債務の負担割合で登記することが必要です。

　連帯債務とは、債権者に対し、各連帯債務者がそれぞれ債務の全額について返済しなければならない義務を負う契約をいいます。連帯債務については当事者間の内部契約（次頁の合意書見本参照）により、各連帯債務者の年間所得の比率など合理的な基準によりその負担割合を定め登記に反映させることが必要です。

　なお、連帯債務により取得した家屋について、一定の要件を満たす場合には、その連帯債務の各債務者について住宅ローン減税の適用を受けることができます。

■ 連帯保証の場合

　連帯保証とは、主たる債務者がその債務の弁済ができなくなった場合に、連帯してその債務の弁済にあたる義務を負う契約です。そのため、登記に反映させる必要はありません。

　なお、連帯保証人については、住宅ローン減税の適用は受けられません。

■ 親子リレーローンの場合

　例えば、父が高齢のため長期の住宅ローンを組むことができず、かつ、子単独では所得が少ないため十分な住宅ローンを組むことができない場合には、親子リレーローンを活用することにより、それぞれの欠点を補うことができます。

　この場合、親子リレーローンは、当初の借入債務者は父になり、子は債務者でも連帯債務者でもありません。（連帯保証人になっている可能性はありますが…）

　したがって、建物の所有者は父1人になります（子が自己資金を拠出していれば、その分は共有持分として登記します）。

　ただし、金融機関によっては、親子リレーローンの名称でも、実質は連帯債務の例もありますので、契約内容に注意してください。

◆連帯債務の負担割合を定める合意書の例

合　意　書

1. 甲及び乙は、令和＊＊年＊＊月＊＊日金銭消費貸借契約に基づき債権者
   株式会社○○銀行から金＊＊＊＊円を連帯して借り受けたが、その債務
   の負担部分について下記のとおり合意した。
   　　甲の負担部分　　　　＊＊＊＊円
   　　乙の負担部分　　　　＊＊＊＊円

2. 連帯借主２名は、債権者に対する関係においては各自借受金全額を支払
   うべき責を負うことを確認する。但し、自己の負担部分を超えて支払っ
   たときは、その負担部分の割合に応じて他の連帯借主に対し、求償する
   ことができるものとする。

　　この合意を証するため本書を作成し、各自署名押印する。

　　　　　　　　　　　　　　　　　　　　　　令和＊＊年＊＊月＊＊日

　　連帯借主（甲）
　　　住所
　　　　氏名　　　　　　　　　　　　　　　　　　㊞

　　連帯借主（乙）
　　　住所
　　　　氏名　　　　　　　　　　　　　　　　　　㊞

❶ 親子間の金銭消費貸借

　親子等親族間で金銭の貸し借りを行う場合にも、金銭消費貸借契約書を作成しておく方が望ましいといえます。書式は、一般的な金銭消費貸借契約書の雛型を基に作成し、特に公正証書で作成していなくても構いません。

　その契約書に、債務の金額、返済期間、返済方法、利率などを明記しておきます。これらの条件が、通常融資を受ける場合の条件に比べ、極端に有利な契約となっていると、その部分について贈与税が課される可能性があります。また、債権者の年齢からみて明らかに生前に回収が不可能な返済期間の設定や、債務者の年収からみて返済が不可能な金額の借り入れについては、贈与とみなされることもありますので、注意が必要です。

　例えば、子が親から借りるとして、1,000万円を20年返済とすると単純元本は月41,000円（年50万円）となります。子が専業主婦などの場合には、その返済資金はどこから調達するのか明らかでないと、返済能力のない借り入れ、つまり親からの贈与だろうという疑いを受けることにもなります。

　さらに、最も重要なことは、返済について、子の口座から親の口座へと銀行口座を通して行い、返済を確かに行っているという証拠が残るようにしておくことです。

◆親子間の金銭消費貸借契約における注意点

債務の金額	債務者の年収から判断して返済可能な金額であるか？
返済期間	通常融資を受けた場合と同程度の返済期間であるか？ 平均余命等から判断して債権者の生前中に返済が終了するか？
返済方法	毎月、毎年等定期的な返済がなされているか？
利　　率	通常融資を受けた場合と同程度の利率であるか？

❷ 金利

　金利については、住宅の取得のために住宅金融支援機構や都市銀行などから融資を受けた場合の金利を適用すれば問題ないかと思います。

　また、贈与税には年間基礎控除として110万円の基礎控除があります。そのため、年市中金利3％・元本3,500万円であると利息が105万円となり、これを免除してもその免除額は贈与税の基礎控除の範囲内になります。

　なお、貸付者には、所得税法上、受取金利分が雑所得として課税対象となりますので、他の所得と合計して総合課税により確定申告することが必要です（貸付者がサラリーマンで一定の給与収入以下などの要件を満たす場合は、給与所得以外の所得が20万円以下であれば所得税の確定申告をする必要はありません）。

◆金銭消費貸借契約書の例

```
┌ ─ ─ ─ ┐
  収
  入
  印
  紙
└ ─ ─ ─ ┘
```

金銭消費貸借契約書

　　貸主　○○　○○と、借主　○○　○○との間に、次のとおり金銭消費貸借契約を締結した。

第1条　　貸主は本日金＊＊＊＊＊＊円也を借主に貸し渡し、借主はたしかにこれを借り受け、受領した。

第2条　　借主は、下記の事項を履行することを約した。

1. 元金は、令和＊＊年＊＊月＊＊日から令和＊＊年＊＊月＊＊日まで毎月＊＊日限り金＊＊＊＊円あて計＊＊回の月賦で返済する。
2. 利息は年利率＊％と定め、毎月＊＊日限りその月分を支払う。
3. 期限後または期限の利益を失ったときは、以後完済にいたるまで年利率＊％の損害遅延金を支払う。
4. 次の場合には、期限の利益を失い、何ら催告を要しないでただちに元利金を完済すること
① 割賦金及び利息を期限に支払わないとき
② 他の債務者から強制執行（仮差押を含む。）を受けたとき
③ 他の債務により、競売、破産又は会社更生の手続き開始があったとき
④ その他本契約に違反したとき

　　上の金銭消費貸借契約を証するため本契約書2通を作成し、各当事者署名押印のうえ、各1通を所持します。

　　　　　　　　　　　　　　　　　　　令和＊＊年＊＊月＊＊日

　　　貸主　　住所
　　　　　　　氏名　　　　　　　　　　　　　㊞

　　　借主　　住所
　　　　　　　氏名　　　　　　　　　　　　　㊞

◆消費貸借に関する契約書に貼付する印紙税

課税標準（契約金額）	税額（1通につき）	課税標準（契約金額）	税額（1通につき）
10万円以下のもの	200円	1億円以下のもの	60,000円
50万円以下のもの	400円	5億円以下のもの	100,000円
100万円以下のもの	1,000円	10億円以下のもの	200,000円
500万円以下のもの	2,000円	50億円以下のもの	400,000円
1,000万円以下のもの	10,000円	50億円を超えるもの	600,000円
5,000万円以下のもの	20,000円	契約金額の記載のないもの	200円

※ 契約金額が1万円未満のときは非課税

Ⅲ. 所得税の確定申告の仕方

サラリーマンは、年末調整により所得税が精算されますので、通常、
確定申告をする必要はありません。しかし、マイホームを売却して
譲渡益が発生している場合や、各種特例の適用を受けるためには、
確定申告書を提出する必要があります。

　サラリーマンは、年末調整により所得税が精算されますので、通常、確定申告をする必要はありません。しかし、マイホームを売却して譲渡益が発生している場合や、各種特例の適用を受けるためには、確定申告書を提出する必要があります。

（1）確定申告の時期

　所得税は、暦年ベースで課税され、毎年1月1日から12月31日までの1年間の所得について、翌年2月16日から3月15日（令和2年分の申告については、令和3年2月16日から3月15日）までの間に申告しなければなりません。しかし、還付を受けるための申告は、年が明ければ2月15日以前でも受け付けてもらえます。

　申告書を提出すると、約1か月程度で本人の金融機関の口座（確定申告書に希望する口座を記入します）に振り込まれる方法で還付されます。

　混雑する確定申告時期を避けて、なるべく早めに申告して税金の還付を受けられるとよいでしょう。

（2）確定申告書の提出先と提出方法

＜提出先＞

　原則として、住所を管轄する税務署へ提出することとなっています。

＜提出方法＞

　提出方法としては、税務署に確定申告書を持参して提出する方法のほか、郵送により提出する方法、電子申告により提出する方法も可能です。

　提出する際には、提出したことの証明やあとで内容を確認する時のために、提出する申告書と同じ内容を記載した申告書の控えを持参し、その控えに受付印を押印してもらうことをお勧めします。郵送の場合には、控えの用紙と返信用封筒（宛先の記載をして切手を貼ったもの）を同封すれば、受付印を押印した控えを送り返してもらえます。電子申告の

場合には、e-Tax（国税電子申告・納税システム　http://www.e-tax.nta.go.jp/）に、あらかじめ開始届出書を提出し、登録をしておけばインターネット経由で国税に関する申告や納税、申請・届出などの手続ができます（ただし、添付書類等は別途提出が必要になります）。

　確定申告書の記載方法がわからない場合は、税務署に行けば、税務署の職員が教えてくれます。また、確定申告時期には、市役所や駅のターミナルなどで無料相談会（相談内容について制限がある場合もありますので事前にご確認下さい）が催され記載方法の指導を行っていますので、利用されるとよいでしょう。

（3）所得税の納付が必要な場合

　３月15日までに税務署指定の納付書（税務署においてあります）に納付する税額を記載し、金融機関に持参して納付します。３月15日を過ぎると延滞税や加算税が別途かかりますので、注意が必要です。

　また、その他の納付の方法として「振替納税制度」及び「ダイレクト納付」があります。「振替納税制度」とは、指定の金融機関の預金口座から自動的に納税が行われる方法で、振替日は例年4月中旬頃です。なお、既に振替納税制度を利用されている方が、転居等により申告書の提出先の税務署が変更になった場合には、転居先の所轄税務署へ再度（・・）振替納税の手続をする必要があります。

　「ダイレクト納付」とは、e-Tax（国税電子申告・納税システム）により申告書等を提出した後、納税者ご自身名義の預貯金口座から、即時又は指定した期日に、口座引落しにより国税を電子納付する手続で、利用に際しては、事前に税務署へe-Taxの利用開始手続を行った上、専用の届出書を提出する必要があります。

　なお、令和３年１月から、個人の方の振替依頼書及びダイレクト納付利用届出書をe-Taxで提出が可能となります。

　パソコンやスマートフォンからe-Tax（Web版・SP版）にログインし、入力画面に沿って必要事項を入力することにより、振替依頼書等の記入や金融機関届出印の押印なしに、オンラインで振替依頼書等を提出できるようになります。

　なお、振替依頼書等のオンライン提出においては、金融機関の外部サイトにより利用者認証を行うので、電子送信時に電子署名及び電子証明書の添付は不要となります。

（4）共有名義の不動産を売却・購入した場合

共有名義の場合は、それぞれが確定申告書を提出する必要があります。

■ 確定申告書の必要資料＜共通資料＞

	書　　類	請求先	備　　考
①	確定申告書	税務署	
②	給与所得の源泉徴収票の原本	勤務先	給与所得者の場合
③	銀行名・支店名・口座番号のわかるもの	—	還付金の振込口座を確定申告書に記載します（本人の口座に限ります）
④	印鑑	—	申告書に押印します（認印可）
⑤	番号確認書類及び身元確認書類	—	（イ）番号確認書類は、個人番号カード（※1）・通知カード・マイナンバーの記載がある住民票の写しなどのうちいずれか1つ （ロ）身元確認書類は、運転免許証・パスポート・公的医療保険の被保険者証・身体障害者手帳などのうちいずれか1つ

※個人番号カードをお持ちの場合
個人番号カードのみで、番号確認と身元確認が可能であるため、身元確認書類は不要です。

＜資産を売却した場合＞

	書　　類	請求先	備　　考
⑥	譲渡所得の内訳書（計算明細書）	税務署	
⑦	売買契約書の写し	—	
⑧	売却時の費用の領収書の写し	—	仲介手数料・売渡証書作成費用・契約書の印紙代・固定資産税精算書など
⑨	売却した資産の購入時の売買契約書・請負契約書の写し（※1・2）	—	取得費を計算するための書類として不明な場合には、譲渡収入の5％が概算取得費となります
⑩	売却した資産の購入時の費用の領収書の写し（※1・2）	—	仲介手数料・登記費用・契約書の印紙代・不動産取得税・固定資産税精算書など

※1　相続又は贈与により取得した資産を売却した場合

被相続人又は贈与をした者の購入時の取得日・取得価額を引き継ぎますので、被相続人又は贈与をした者が購入した時の資料が必要になります。

※2　過去に買換え・交換の特例の適用を受けて取得した資産を売却する場合

買換えや交換をする前の資産の取得価額を引き継ぎますので、上記資料に加えて、買換えや交換をする前の資産の資料も必要です。また、適用を受けた年の「確定申告書」・「譲渡所得の計算明細書」も必要になります。

（5）特例の適用を受ける場合の添付資料

確定申告書の必要資料＜共通資料＞のほか、下記の資料を添付します。

❶ 居住用財産の3,000万円特別控除

従来、居住用財産の3,000万円特別控除の申告手続を行う際には、住民票の写しの添付が必要となっておりましたが、マイナンバー制度の導入により、平成28年分の申告から、原則として住民票の写しの添付を要しない（以下の特例についても同様）こととなりました。

売却した人の住民票に記載されている住所とマイホームの所在地が異なる場合・・・

この特例は、その譲渡した資産に居住していなければ適用を受けることができませんが、子の学区の都合などの理由により譲渡した資産の所在地において住民登録をしていなかった場合には、下記の資料を添付して居住していたことを証明します。

これは、その他の居住用財産の特例についても同じです。

① 戸籍の附票の写し（譲渡をした日から2か月経過後に交付を受けたもの）
② 住民票を移転していないことの理由を記載した書類
③ 譲渡した資産に住んでいたことを証明する書類（電気・ガス・水道等の領収書など）

❷ 空き家に係る譲渡所得の特別控除の特例

	書　　　類	請求先	備　　　考
①	譲渡資産の登記事項証明書	法務局	被相続人から相続又は遺贈により取得したこと、被相続人居住用家屋が昭和56年5月31日以前に建築されたこと及び区分所有建物登記がされている建物でないことを明らかにするもの
②	被相続人居住用家屋等確認書	市役所	（イ）相続の開始の直前において、被相続人が被相続人居住用家屋を居住の用に供しており、かつ、被相続人居住用家屋に被相続人以外に居住をしていた人がいなかったこと （ロ）被相続人の居住の用（居住の用に供することができない事由として特定の事由により相続の直前において被相続人の居住の用に供されていなかった場合（老人ホーム等入所要件を満たす場合に限る。）における当該特定事由により居住の用に供されなくなる直前の被相続人の居住の用を含む。）
③	譲渡資産の売買契約書の写し	－	売却代金が1億円以下であることを明らかにするもの
④	耐震基準適合証明書又は建設住宅性能評価証明書	－	一定の耐震基準に適合する家屋であることを明らかにするもの

❸ 居住用財産の軽減税率

	書　類	請求先	備　考
①	譲渡資産の登記事項証明書	法務局	所有期間が確認できるもの

❹ 特定の居住用財産の買換え特例

	書　類	請求先	備　考
①	戸籍の附票等	市役所 区役所	居住の用に供していた期間を明らかにするもの
②	被相続人の住民票		父母等から相続により取得していた住宅について この適用を受ける場合
③	譲渡資産の登記事項証明書	法務局	所有期間が確認できるもの
④	買換資産の登記事項証明書	法務局	取得の事実及び家屋の床面積がわかるもの（土地等が含まれている場合にはその土地の面積を明らかにするもの）
⑤	買換資産の売買契約書の写し	－	
⑥	買換資産の明細書	税務署	確定申告書の提出時に買換資産を取得していない場合（④、⑤に代えて）

※確定申告書の提出時にまだ入居していない場合には、まだ入居していない旨及び入居予定日を記載した書類も必要になります。また、買換資産が中古家屋で築年数要件を満たさない場合には、別途82頁の②記載の書類が必要です。

❺ 居住用財産の譲渡損失の損益通算及び繰越控除

イ 「居住用財産の買換え等による譲渡損失の損益通算・繰越控除」の適用を受ける場合には、次頁の表のイ欄に掲げる資料（○印分）

ロ 「特定居住用財産の譲渡損失の損益通算・繰越控除」の適用を受ける場合には、次頁の表のロ欄に掲げる資料（○印分）

＜売却した年分＞

	書　　類	イ	ロ	請求先	備　　考
①	居住用財産の譲渡損失の金額の計算に関する明細書	○	○	税務署	
②	居住用財産の譲渡損失の損益通算及び繰越控除の対象金額の計算書	○	○	税務署	
③	譲渡資産の登記事項証明書	○	○	法務局	所有期間が確認できるもの（ロの場合は、土地等が含まれている場合にはその土地の面積を明らかにするもの）
④	譲渡資産に係る住宅借入金等の残高証明書	×	○	金融機関	譲渡契約締結日の前日のもの（買換資産を先行取得している場合には、譲渡契約締結月の6か月前の月の最初の日）
⑤	買換資産の登記事項証明書	○	×	法務局	取得の事実、購入年月日や家屋の床面積がわかるもの
⑥	買換資産の売買契約書の写し	○	×	－	
⑦	買換資産の所在地の住民票	○	×	市役所区役所	
⑧	買換資産に係る住宅借入金等の残高証明書	○	×	金融機関	

＜売却した年の翌年以降＞

　売却した年の翌年以降も下記の書類を添付して確定申告書を提出することで、繰越損失の金額をその年の所得から控除することができます。

	書　　類	イ	ロ	請求先	備　　考
①	譲渡損失の繰越控除の計算に関する明細書	○	○	税務署	
②	買換資産に係る住宅借入金等の残高証明書	○	×	金融機関	12月31日時点のもの

◆ 【設例】による「明細書」記載例 ①

【設例】
- ●譲渡資産：建物（取得費：4,053,000円）・土地（取得費：20,000,000円）
- ●譲渡費用：500,000円
- ●売却価額：建物　2,000,000円・土地　8,000,000円
- ●他の所得金額：3,460,000円

【令和　2　年分】

名簿番号 ☐

居住用財産の譲渡損失の金額の明細書《確定申告書付表》
（居住用財産の買換え等の場合の譲渡損失の損益通算及び繰越控除用）

住所又は事業所事務所居所など	541-0053 大阪市中央区本町3-4-10	フリガナ 氏　名	ヤマモト　タロウ 山本　太郎	電話番号	（　　　）

この明細書の記載に当たっては、「譲渡所得の申告のしかた（記載例）」（国税庁ホームページ【www.nta.go.jp】からダウンロードできます。税務署にも用意してあります。）を参照してください。

なお、国税庁ホームページの「確定申告書等作成コーナー」の画面の案内に従って収入金額などの必要項目を入力することにより、この明細書や確定申告書などを作成することができます。

○ この明細書は、申告書と一緒に提出してください。

1　譲渡した資産に関する明細

		合　計	建　物	土地・借地権
資産の所在地番			大阪市中央区本町3-4-10	大阪市中央区本町3-4-10
資産の利用状況　面　積			自己の居住用　123.45㎡	自己の居住用　234.56㎡
居　住　期　間			平成 2 年 1 月 ～ 令和 2 年 5 月	
譲渡先　住所又は所在地			○○市△△区□-□-□	○○市△△区□-□-□
譲渡先　氏名又は名称			佐藤　次郎	佐藤　次郎
譲渡契約締結日			令和 2 年 8 月 1 日	令和 2 年 8 月 1 日
譲渡した年月日			令和 2 年 10 月 1 日	令和 2 年 10 月 1 日
資産を取得した時期			平成 2 年 1 月 1 日	平成 2 年 1 月 1 日
譲　渡　価　額	①	10,000,000円	2,000,000円	8,000,000円
取得費　取　得　価　額	②	50,000,000円	30,000,000円	20,000,000円
取得費　償却費相当額	③	25,947,000円	25,947,000円	
取得費　差引（②－③）	④	24,053,000円	4,053,000円	20,000,000円
譲渡に要した費用	⑤	500,000円	250,000円	250,000円
居住用財産の譲渡損失の金額（①－④－⑤）	⑥	△14,553,000円	△2,303,000円	△12,250,000円

この金額を「居住用財産の譲渡損失の損益通算及び繰越控除の対象となる金額の計算書」の①欄に転記してください。

2　買い換えた資産に関する明細

		合　計	建　物	土地・借地権
資産の所在地番			東京都千代田区内幸町1-1-1	東京都千代田区内幸町1-1-1
資産の利用状況・利用目的　面　積			自己の居住用　123.45㎡	自己の居住用　234.56㎡
買換資産の取得（予定）日			令和 2 年 12 月 1 日	令和 2 年 12 月 1 日
居住の用に供した（供する見込）日			令和 2 年 12 月 1 日	
買換資産の取得（予定）価額		70,000,000円	30,000,000円	40,000,000円
買入れ先　住所又は所在地			○○市△△区□-□-□	○○市△△区□-□-□
買入れ先　氏名又は名称			○○不動産	○○不動産
住宅の取得等に要した住宅借入金等の金額及びその借入先			（借入先 △△銀行　　　　　　） 50,000,000円	

関 与 税 理 士 名	
	（ 電話　　　　　　　　　　　　 ）

税務署整理欄	資産課税部門	個人課税部門	純損失（有・無）

整理番号 ☐

居住用財産の譲渡損失の損益通算及び繰越控除の対象となる金額の計算書（令和 2 年分）【租税特別措置法第41条の5用】

住 所 又 は 事業所 事務所 居所など	541-0053 大阪市中央区本町3-4-10	フリガナ	ヤマモト タロウ
		氏 名	山本 太郎

この計算書は、本年中に行った居住用財産の譲渡で一定のものによる損失の金額があり、その損失の金額について、本年分において、租税特別措置法第41条の5第1項（居住用財産の買換え等の場合の譲渡損失の損益通算の特例）の適用を受ける方及び翌年分以後の各年分において租税特別措置法第41条の5第4項（居住用財産の買換え等の場合の譲渡損失の繰越控除の特例）の適用を受けるために、本年分の居住用財産の譲渡損失の金額を翌年分以後に繰り越す方が使用します。
詳しくは、「譲渡所得の申告のしかた（記載例）」（国税庁ホームページ【www.nta.go.jp】からダウンロードできます。なお、税務署にも用意してあります。）をご覧ください。

居住用財産の譲渡損失の損益通算及び繰越控除の対象となる金額の計算

（赤字の金額は、△を付けないで書いてください。）

特例の計算の基礎となる居住用財産の譲渡損失の金額 （「居住用財産の譲渡損失の金額の明細書《確定申告書付表》（居住用財産の買換え等の場合の譲渡損失の損益通算及び繰越控除用）」の⑥の合計欄の金額を書いてください。）		①	円 14,553,000
分離課税の対象となる土地建物等の譲渡所得の金額の合計額 （①の金額以外に土地建物等の譲渡所得の金額がある場合は、その金額と①の金額との通算後の金額を書いてください（黒字の場合は0と書きます。）。また、①の金額以外にない場合は、①の金額を書いてください。）		②	14,553,000
損益通算の特例の対象となる居住用財産の譲渡損失の金額 （特定損失額） （①と②の金額のいずれか少ない方の金額を書いてください。）		③	14,553,000
本年分の純損失の金額 （上記③（※1）、申告書B第一表⑨及び申告書第三表㉘・㉙の金額の合計額又は申告書第四表⑰の金額を書いてください。なお、純損失の金額がないときは0と書きます。）		④	11,093,000
本年分が青色申告の場合	不動産所得の金額、事業所得の金額（※2）、山林所得の金額又は総合譲渡所得の金額（※3）のうち赤字であるものの合計額 （それぞれの所得の金額の赤字のみを合計して、その合計額を書いてください。）	⑤	0
本年分が白色申告の場合	変動所得の損失額及び被災事業用資産の損失額の合計額 （それぞれの損失額の合計額を書いてください。なお、いずれの損失もないときは0と書きます。）	⑥	
居住用財産の譲渡損失の繰越基準額 （④から⑤又は⑥を差し引いた金額（引ききれない場合は0）を書いてください。）		⑦	11,093,000
翌年以後に繰り越される居住用財産の譲渡損失の金額 （③の金額と⑦の金額のいずれか少ない方の金額を書いてください。ただし、譲渡した土地等の面積が500㎡を超えるときは、次の算式で計算した金額を書いてください。）		⑧	11,093,000

$$\begin{pmatrix}③の金額と⑦の金額\\のいずれか少ない方\\の金額\\ \underline{\qquad}円\end{pmatrix} \times \left\{1-\left\{\cfrac{\begin{pmatrix}土地等に係る\\特定損失の金額\end{pmatrix}\underline{\qquad}円}{③\ の\ 金\ 額\ \underline{\qquad}円} \times \cfrac{\begin{pmatrix}土地等の面積\end{pmatrix}\underline{\qquad}㎡-500㎡}{土地等の面積\ \underline{\qquad}㎡}\right\}\right\}$$

※1　「上記③の金額」は、総合譲渡所得の黒字の金額（特別控除前）又は一時所得の黒字の金額（特別控除後、2分の1前）がある場合は、「上記③の金額」からその黒字の金額を差し引いた金額とします（「上記③の金額」より、その黒字の金額が多い場合は0とします。）。
※2　「事業所得の金額」とは、申告書B第一表の「所得金額」欄の①及び②の金額の合計額をいいます。
※3　「総合譲渡所得の金額」は、申告書第四表（損失申告用）の「1損失額又は所得金額」の㋕、㋗の金額の合計額とします。

❻ 住宅ローン控除

	書　　　　　類		請求先	備　　　　　考
①	住宅借入金等特別控除額の計算明細書		税務署	
②	住宅取得資金に係る借入金の年末残高等証明書		金融機関	
③	補助金等の額を証する書類		―	補助金等の交付を受けている場合に必要
④	住宅取得等資金の額を証する書類		―	住宅取得等資金の贈与を受けている場合に必要
⑤	新築購入の場合	家屋(土地)の登記事項証明書	法務局	新築又は取得年月日や取得価額、家屋の床面積がわかるもの
		家屋(土地)の請負契約書又は売買契約書の写し	―	
		認定長期優良住宅又は認定低炭素住宅の場合には、建築等計画の認定通知書及び住宅用家屋証明書又は建築証明書	―	原本または写し
	中古家屋購入の場合	家屋(土地)の登記事項証明書	法務局	家屋の床面積がわかるもの
		家屋(土地)の売買契約書の写し	―	取得年月日や取得価額がわかるもの
		築年数要件を満たさない場合には一定の耐震基準を満たすことを証明する書類	―	左記の耐震基準を満たすことを証明する書類については82頁参照
	増改築の場合	家屋の登記事項証明書	法務局	増改築等の年月日や工事の費用、家屋の床面積がわかるもの
		工事請負契約書の写し	―	
		建築確認済証、検査済証、又は増改築等工事証明書	―	増改築等工事証明書は建築士等より交付を受けたもの

一口メモ

※**バリアフリー改修の場合**には、上記書類のほか介護保険の被保険者証の写しなど、この特例の適用対象者であることを明らかにする書類の添付が必要となります。

※**2年目以降**については、上記の②と税務署から送られてくる「給与所得者の住宅借入金等特別控除申告書」及び「年末調整のための住宅借入金等特別控除証明書（前年以前の年末調整の際に既に提出している場合は不要）」を勤務先に提出すれば年末調整で還付されます。

◆ 【設例】による「明細書」記載例 ②

【設例】

●住宅の対価の額：33,000,000円
●住宅借入金等の年末残高：28,000,000円
●入居時期：令和2年11月1日

令和 02 年分(特定増改築等)住宅借入金等特別控除額の計算明細書 FA4022

令和02年分　（特定増改築等）住宅借入金等特別控除額の計算　　二面　提出用

次の該当する算式のうち、いずれか一の算式により計算します。

氏名　山本　太郎

住宅借入金等の年末残高の合計額　※　一面の⑪の金額を転記します。	⑪	28,000,000 円

番号	居住の用に供した日等	算式等	（特定増改築等）住宅借入金等特別控除額（100円未満の端数切捨て）
1	住宅借入金等特別控除の適用を受ける場合（2から8のいずれかを選択する場合を除きます。）／ 平成26年1月1日から令和2年12月31日までの間に居住の用に供した場合 住宅の取得等が（特別）特定取得に該当するとき	⑪× 0.01＝ ⑳	（最高40万円）280,000 円

※1　⑳欄の金額を一面の⑱欄に転記します。
※2　⑳欄の括弧内の金額は、居住の用に供した日の属する年における住宅の取得等又は住宅の増改築等に係る控除限度額となります。
※3　（特別）特定取得とは、家屋の取得対価の額又は増改築等の費用の額に含まれる消費税額等が、8％又は10％の税率により課されるべき消費税額等におけるその住宅の取得等をいいます。

○　重複適用又は震災特例法の重複適用の特例を受ける場合には、次の㉓欄を記載します。

| 重複適用を受ける場合 | 各明細書の控除額（⑳の金額）の合計額（住宅の取得等又は住宅の増改築等に係る控除限度額のうち最も高い控除限度額が限度となります。）を記載します。 | ㉓ | 0 0 円 |
| 震災特例法の重複適用の特例を受ける場合 | 各明細書の控除額（⑳の金額）の合計額を記載します。 | ㉓ | 0 0 円 |

※　㉓欄の金額を一面の㉓欄に転記します。

❼ 住宅耐震改修特別控除

	書　類	請求先	備　考
①	住宅耐震改修特別控除額の計算明細書	税務署	
②	家屋の登記事項証明書	法務局	家屋の建築時期がわかるもの
③	工事請負契約書の写し	―	改修工事の年月日や工事の費用がわかるもの
④	補助金等の額を証する書類	―	補助金等の交付を受けている場合に必要
⑤	増改築等工事証明書又は住宅耐震改修証明書	―	証明書の請求方法は2通りあります。 (イ)市による適用対象区域の家屋であることの証明＋建築士等(建築士、指定確認検査機関又は登録住宅性能評価機関)等の証明 (ロ)市によるすべての事項についての証明

※平成26年4月1日から令和3年12月31日までの間における耐震改修工事の場合には③④は不要

❽ バリアフリー改修工事等特別控除、省エネ改修工事等特別控除

	書　類	請求先	備　考
①	住宅特定改修特別税額控除額の計算明細書	税務署	
②	家屋の登記事項証明書	法務局	改修工事の年月日や工事の費用、家屋の床面積がわかるもの
③	工事請負契約書の写し	―	
④	補助金等の額を証する書類	―	補助金等の交付を受けている場合に必要
⑤	増改築等工事証明書	―	増改築等工事証明書は建築士等より交付を受けたもの

※バリアフリー改修の場合には、上記書類のほか介護保険の被保険者証の写しなど、この特例の適用対象者であることを明らかにする書類の添付が必要となります。
※平成26年4月1日から令和3年12月31日までの間に居住の用に供した場合には③は不要

❾ 認定住宅新築等特別税額控除

	書　類	請求先	備　考
①	認定住宅新築等特別税額控除額の計算明細書	税務署	
②	家屋の登記事項証明書	法務局	取得の事実、新築又は取得の年月日や費用の額、家屋の床面積がわかるもの
③	工事請負契約書又は売買契約書の写し	―	
④	＜認定長期優良住宅の場合＞ ・長期優良住宅建築等計画の認定通知書の写し ・住宅用家屋証明書若しくはその写し又は認定長期優良住宅建築証明書	―	住宅用家屋証明書については、市町村等による交付受けたものであるが、認定長期優良住宅建築証明書は建築士又は検査機関等による交付を受けたもの

| ⑤ | ＜認定低炭素住宅の場合＞
認定低炭素住宅のうち低炭素建築物の場合
・低炭素建築物新築等計画の認定通知書の写し
・住宅用家屋証明書若しくはその写し又は認定低炭素住宅建築証明書 | ― | |

❿ 築年数要件を満たさない中古住宅につき特例の適用を受ける場合の添付書類（共通）

中古住宅で築年数要件を満たさない場合には次に掲げる書類が必要になります。

① 購入する中古住宅が現行の耐震基準を満たす場合の添付書類

次に掲げるいずれかの書類を添付します。

（イ）耐震基準適合証明書（※1）

（※1）家屋の購入日前2年以内に証明のための調査が終了したものに限る。

（ロ）住宅性能評価書の写し（耐震等級1、2又は3に限ります）（※2）

（※2）家屋の購入日前2年以内に評価されたものに限ります。

（ハ）住宅瑕疵担保責任法人が発行する証明書（※3）

（※3）保険契約が購入日前2年以内に締結されたものに限ります。

② 購入する中古住宅が購入時点において築年数要件及び耐震基準を満たさない場合の添付書類

次に掲げるいずれかの書類を添付します。

（イ）建築物の耐震改修の計画の認定申請書及び耐震基準適合証明書

（ロ）耐震基準適合証明申請書（家屋の引渡しまでに申請が困難な場合は、仮申請書）及び耐震基準適合証明書

（ハ）建設住宅性能評価申請書（耐震等級についての評価に限り、家屋の引渡までに申請が困難な場合は、仮申請書）及び建設住宅性能評価書（耐震等級が等級1、2又は3であるものに限る）

（ニ）既存住宅売買瑕疵担保責任保険契約の申込書及び既存住宅売買瑕疵保険付保証明書

Ⅳ. 贈与税の申告の仕方

贈与税は、個人から１年間に110万円を超える財産をもらった人に
課税され、贈与税の申告納付をしなければなりません。また、住宅取得等
資金の贈与を受けた場合は、暦年課税の人と相続時精算課税を
選択している人とでは、課税の仕方が異なります。

（１）申告の時期

　贈与税も暦年ベースで課税されます。1月1日から12月31日までの１年間に贈与を受け
たすべての資産について、翌年２月１日から３月15日（令和2年分の申告については、令
和3年2月1日から3月15日）までの間に申告しなければなりません。ただし、１年間に贈
与を受けた金額の合計額が110万円以下であれば申告する必要はありません。

（２）申告書の提出先と提出方法、納付方法について

　所得税の確定申告と同様です。（70頁参照）

（３）贈与税の申告書の必要資料＜共通資料＞

	書　　類	請求先	備　　考
①	贈与税の申告書	税務署	
②	贈与契約書の写しなど	―	贈与があったことを証明する書類として
③	印鑑	―	申告書に押印します（認印可）
④	番号確認書類及び身元確認書類	―	(イ)番号確認書類は、個人番号カード（※1）・通知カード・マイナンバーの記載がある住民票の写しなどのうちいずれか1つ (ロ)身元確認書類は、運転免許証・パスポート・公的医療保険の被保険者証・身体障害者手帳などのうちいずれか1つ
⑤	「特例税率」の適用を受ける場合 受贈者の戸籍の謄本若しくは抄本その他の書類	市役所区役所	下記(イ)及び(ロ)の内容を証する書類（贈与を受けた日以後に作成されたものに限る。） (イ)受贈者の氏名、生年月日 (ロ)受贈者が贈与者の直系卑属(子や孫など)に該当すること ※過去の年分において当該書類を提出している場合には、申告書の「過去の贈与税の申告状況」欄に提出年分及び税務署名を記入すれば不要です。

一口メモ

個人番号カードをお持ちの場合

個人番号カードのみで、番号確認と身元確認が可能であるため、身元確認書類は不要です。

（4）特例の適用を受ける場合の添付資料

贈与税の申告書の必要資料＜共通資料＞のほか、下記の資料を添付します。

❶ 通常の相続時精算課税

	書　　　類	請求先
①	相続時精算課税選択届出書	税務署
②	受贈者の戸籍の謄本若しくは抄本及び戸籍の附票の写しその他の書類で下記①〜③までの内容を証する書類（贈与を受けた日以後に作成されたものに限る。） 　① 受贈者の氏名、生年月日 　② 受贈者が20歳に達した時以後又は平成15年1月1日以後の住所又は居所 　③ 受贈者が贈与者の推定相続人である子又は孫に該当すること ※平成7年1月3日以後に生まれた方は戸籍の附票の写しは不要	市役所 区役所
③	贈与者の住民票の写し及び戸籍の附票の写しその他の書類で下記①及び②の内容を証する書類（贈与を受けた日以後に作成されたものに限る。） 　① 贈与者の氏名、生年月日 　② 贈与者が60歳に達した時以後又は平成15年1月1日以後の住所又は居所 ※贈与者の住民票の写しを添付する場合で、贈与者が60歳に達した時以後又は平成15年1月1日以後、贈与者の住所に変更がないときは、戸籍の附票の写しの添付は要しない。 ※住民票の写しはマイナンバー（個人番号）が記載されていないもの又はマスキングをしたものを添付	市役所 区役所

❷ 住宅取得等資金の相続時精算課税の特例

下記に掲げるＡ又はＢの区分に応じて、添付資料が異なります。

Ａ　住宅取得等資金の贈与を受けた人で、住宅用家屋の新築又は取得（既存住宅用家屋の取得を含む。）をする者

次に掲げる区分に応じ、下表の〇を付した書類を申告書に添付します。

イ　住宅取得等資金の贈与を受けた年の翌年の3月15日までに住宅用家屋の新築又は取得をして居住した者

ロ　住宅取得等資金の贈与を受けた年の翌年の3月15日までに住宅用家屋の新築又は取得をしたが居住していない者

ハ　住宅取得等資金の贈与を受けた年の翌年の3月15日までに住宅用家屋の新築に係る工事が完了していない者

	イ	ロ	ハ	提出書類
①	○	○	○	相続時精算課税選択届出書
②	○	○	○	受贈者の戸籍の謄本若しくは抄本及び戸籍の附票の写しその他の書類で下記①～③までの内容を証する書類（贈与を受けた日以後に作成されたものに限る。） 　① 受贈者の氏名、生年月日 　② 受贈者が20歳に達した時以後又は平成15年1月1日以後の住所又は居所 　③ 受贈者が贈与者の推定相続人である子又は孫に該当すること ※平成7年1月3日以後に生まれた方は戸籍の附票の写しは不要
③	○	○	○	贈与者の住民票の写し及び贈与者の戸籍の附票の写しその他の書類で下記①及び②の内容を証する書類（贈与を受けた日以後に作成されたものに限る。） 　① 贈与者の氏名、生年月日 　② 贈与者の平成15年1月1日以後の住所又は居所 ※住民票の写しはマイナンバー（個人番号）が記載されていないもの又はマスキングをしたものを添付
④	○	○	○	新築に係る工事の請負契約書の写しや売買契約書の写しなど、契約又は取得の相手方(家屋の敷地の用に供されることとなる又は供されている土地等の取得の相手方を含む)を明らかにする書類
⑤	○	○	○	住宅取得等資金の贈与を受けた日の属する年分のその贈与者に係る贈与税の課税価格及び贈与税の額その他の贈与税の額の計算に関する明細書（「申告書第二表（相続時精算課税の計算明細書）」に必要事項を記載する。）
⑥	○	○		新築又は取得をした住宅用家屋に関する登記事項証明書（取得した住宅用家屋が建築後使用されたことのある家屋で、登記事項証明書によって床面積が明らかでないときには、これを明らかにする書類も必要となる。） ※住宅取得等資金によりその住宅用家屋の新築又は取得とともにその敷地の用に供されている土地又は土地の上に存する権利を取得する場合には、その「土地又は土地の上に存する権利に関する登記事項証明書」も併せて提出する。 ※中古家屋を取得した場合において、当該家屋が築年数要件を満たさないときは一定の耐震基準を満たす事を証明する書類（58ｼﾞ参照）
⑦		○		住宅用家屋の新築又は取得後直ちに居住の用に供することができない事情及び居住の用に供する予定時期を記載した書類
⑧		○		住宅用家屋を遅滞なく居住の用に供することを所轄税務署長に約する書類
⑨			○	住宅用家屋の新築の工事の請負契約書その他の書類でその家屋が住宅用家屋に該当すること及び床面積を明らかにするもの又はその写し
⑩			○	住宅用家屋の新築工事の状態が屋根（屋根の骨組みを含む。）を有し、土地に定着した建造物と認められる時以後の状態にあることを証するこの工事を請け負った建設業者等の書類で、この工事の完了予定年月日の記載があるもの
⑪			○	住宅用家屋を居住の用に供したときは遅滞なくその家屋に関する登記事項証明書及び住民票の写し（新築又は取得をした住宅用の家屋の所在場所が本人の住所として記載されているもので、その家屋に居住した日以後に作成されたものに限る。）を所轄税務署長に提出することを約する書類で、居住の用に供する予定時期の記載のあるもの ※住宅用家屋を居住の用に供したときには、遅滞なく登記事項証明書及び住民票の写しを提出する。

B　住宅取得等資金の贈与を受けた人で、住宅用の家屋の増改築等をする者

次に掲げる区分に応じ、下表の○を付した書類を申告書に添付します。

イ　住宅取得等資金の贈与を受けた年の翌年の3月15日までに居住の用に供している家屋の増改築等をして居住した者

ロ　住宅取得等資金の贈与を受けた年の翌年の３月15日までに居住の用に供している家屋の増改築等をしたが、居住していない者

ハ　住宅取得等資金の贈与を受けた年の翌年の3月15日までに居住の用に供している家屋の増改築等が完了していない者

	イ	ロ	ハ	提出書類
①	○	○	○	相続時精算課税選択届出書
②	○	○	○	受贈者の戸籍の謄本若しくは抄本及び戸籍の附票の写しその他の書類で下記①～③までの内容を証する書類（贈与を受けた日以後に作成されたものに限る。） ① 受贈者の氏名、生年月日 ② 受贈者が20歳に達した時以後又は平成15年1月1日以後の住所又は居所 ③ 受贈者が贈与者の推定相続人である子又は孫に該当すること ※平成7年1月3日以後に生まれた方は戸籍の附票の写しは不要
③	○	○	○	贈与者の住民票の写し及び贈与者の戸籍の附票の写しその他の書類で下記①及び②の内容を証する書類（贈与を受けた日以後に作成されたものに限る。） ① 贈与者の氏名、生年月日 ② 贈与者の平成15年1月1日以後の住所又は居所 ※住民票の写しはマイナンバー（個人番号）が記載されていないもの又はマスキングをしたものを添付
④	○	○	○	増改築に係る工事の請負契約書の写しや売買契約書の写しなど、契約又は取得の相手方（家屋の敷地の用に供されることとなる又は供されている土地等の取得の相手方を含む)を明らかにする書類
⑤	○	○	○	住宅取得等資金の贈与を受けた日の属する年分のその贈与者に係る贈与税の課税価格及び贈与税の額その他の贈与税の額の計算に関する明細書（「申告書第二表（相続時精算課税の計算明細書）」に必要事項を記載する。）

	イ	ロ	ハ	提出書類
⑥	○	○		居住の用に供している家屋の増改築等に係る工事が、次に掲げるいずれかの工事に該当するものであることを証する書類 A　その工事が増築、改築、建築基準法第2条第14号に規定する大規模の修繕又は同条第15号に規定する大規模の模様替である場合には、建築主事から交付を受けた建築基準法第6条第1項に規定する確認済証の写し、建築主事等から交付を受けた建築基準法第7条第5項に規定する検査済証の写し又は建築士から交付を受けた増改築等工事証明書 B　その工事が区分所有建物について行う次に掲げるいずれかの修繕又は模様替である場合には、建築士から交付を受けた増改築等工事証明書 ① その区分所有する部分の主要構造部である床及び最下階の床の過半又は主要構造部である階段の過半について行う修繕又は模様替 ② その区分所有する部分の間仕切壁の室内に面する部分の過半について行う修繕又は模様替（その間仕切壁の一部について位置の変更を伴うものに限る。） ③ その区分所有する部分の主要構造部である壁の室内に面する部分の過半について行う修繕又は模様替（その修繕又は模様替に係る壁の過半について遮音又は熱の損失の防止のための性能を向上させるものに限る。） C　その工事が家屋（区分所有建物については贈与を受けた人が区分所有する部分に限る。）のうち居室、調理室、浴室、便所、洗面所、納戸、玄関、廊下の一室の床又は壁の全部について行う修繕又は模様替である場合には、建築士から交付を受けた増改築等工事証明書 D　その工事が家屋について行う次の規定又は基準に適合させるための修繕又は模様替である場合には、建築士から交付を受けた増改築等工事証明書 ① 建築基準法施行令第3章及び第5章の4の規定 ② 地震に対する安全上耐震関係規定に準ずるものとして国土交通大臣が定める基準
⑦	○	○		増改築等をした家屋（増改築等家屋という。）に関する登記事項証明書 ただし、その登記事項証明書により、その増改築等家屋が次のいずれかに該当すること（その家屋の床面積の2分の1以上に相当する部分が専ら居住の用に供されるものに限る。）が明らかでない場合には、それを明らかにする書類又はその写しの提出が必要となる。 ① 一棟の家屋で床面積が50㎡以上であること ② 区分所有建物でその区分所有する部分の床面積が50㎡以上であること ※住宅取得等資金によりその増改築等とともにその敷地の用に供されている土地又は土地の上に存する権利を取得する場合には、その「土地又は土地の上に存する権利に関する登記事項証明書」も併せて提出する。
⑧	○	○		増改築等家屋の増改築等に係る工事の請負契約書その他の書類で、その増改築等をした年月日並びにその増改築等に係る工事に要した費用の額及びその明細を明らかにするもの又はその写し

	イ	ロ	ハ	提出書類
⑨		○		増改築等後直ちに居住の用に供することができない事情及び居住の用に供する予定時期を記載した書類
⑩		○		増改築等家屋を遅滞なく居住の用に供することを約する書類
⑪			○	増改築等をしている家屋が次に該当すること（その家屋の床面積の２分の１に相当する部分が専ら居住の用に供されるものに限る。）を明らかにする工事の請負契約書その他の種類又はその写し 　① 一棟の家屋で床面積が50㎡以上であること 　② 区分所有建物でその区分所有する部分の床面積が50㎡以上であること
⑫			○	増改築等をしている家屋の増改築等に係る工事の状態が、増築又は改築部分の屋根（屋根の骨組みを含む。）を有し、既存の家屋と一体となって土地に定着した建造物と認められる時以後の状態にあることを証するこの工事を請け負った建設業者等の書類で、この工事の完了予定年月日の記載があるもの
⑬			○	増改築等に係る工事が完了したときは遅滞なく上記⑥から⑧の書類を所轄税務署長に提出することを約する書類 ※増改築等に係る工事が完了したときは遅滞なく上記⑥から⑧の書類を提出する。

❸ 直系尊属から住宅取得等資金の贈与を受けた場合の非課税の特例

　下記に掲げるA又はBの区分に応じて、添付資料が異なります。**また、省エネ等住宅に該当する場合にはCの添付書類も必要となります。**

A　住宅取得等資金の贈与を受けた人で、住宅用家屋の新築又は取得（既存住宅用家屋の取得を含む。）をする者

　次に掲げる区分に応じ、下表の○を付した書類を申告書に添付します。

イ　住宅取得等資金の贈与を受けた年の翌年の３月15日までに住宅用家屋の新築又は取得をして居住した者

ロ　住宅取得等資金の贈与を受けた年の翌年の３月15日までに住宅用家屋の新築又は取得をしたが、居住していない者

ハ　住宅取得等資金の贈与を受けた年の翌年の３月15日までに住宅用家屋の新築に係る工事が完了していない者

	イ	ロ	ハ	提出書類
①	○	○	○	住宅取得等資金の贈与を受けた日の属する年分のその贈与者に係る贈与税の課税価格及び贈与税の額その他の贈与税の額の計算に関する明細書で住宅取得等資金の贈与をした者ごとに次に掲げる事項の記載があるもの 　① 住宅取得等資金を贈与により取得した日 　② 住宅取得等資金の金額 　③ 住宅取得等資金のうち、この非課税制度の適用を受ける部分の金額 　④ 住宅取得等資金の贈与をした者との続柄

	イ	ロ	ハ	提出書類
②	○	○	○	受贈者の戸籍の謄本その他の書類で下記①及び②の内容を証する書類 ① 受贈者の氏名、生年月日 ② 贈与者が受贈者の直系尊属に該当すること
③	○	○	○	受贈者の住宅取得等資金の贈与を受けた日の属する年分の所得税の合計所得金額を明らかにする書類（所得税の確定申告書を納税地の所轄税務署長に提出した受贈者にあっては、その旨を記載した書類）
④	○	○		新築又は取得をした住宅用家屋に関する登記事項証明書（取得した住宅用家屋が建築後使用されたことのある家屋で、登記事項証明書によって床面積が明らかでないときには、これを明らかにする書類も必要となる。） ※住宅取得等資金によりその住宅用家屋の新築又は取得とともにその敷地の用に供されている土地又は土地の上に存する権利を取得する場合には、その「土地又は土地の上に存する権利に関する登記事項証明書」も併せて提出する。 ※中古家屋を取得した場合において、当該家屋が築年数要件を満たさないときは一定の耐震基準を満たす事を証明する書類（58㌻参照）
⑤	○	○	○	新築に係る工事の請負契約書の写しや売買契約書の写しなど、契約又は取得の相手方(家屋の敷地の用に供されることとなる又は供されている土地等の取得の相手方を含む)及び契約締結日を明らかにする書類
⑥		○		住宅用家屋の新築又は取得後直ちに居住の用に供することができない事情及び居住の用に供する予定時期を記載した書類
⑦		○		住宅用家屋を遅滞なく居住の用に供することを所轄税務署長に約する書類
⑧			○	住宅用家屋の新築の工事の請負契約書その他の書類でその家屋が住宅用家屋に該当することを明らかにするもの又はその写し
⑨			○	住宅用家屋の新築工事の状態が屋根（屋根の骨組みを含む。）を有し、土地に定着した建造物と認められる時以後の状態にあることを証するこの工事を請け負った建設業者等の書類で、この工事の完了予定年月日の記載があるもの
⑩			○	住宅用家屋を遅滞なく居住の用に供すること及び居住の用に供したときは遅滞なくその家屋に関する登記事項証明書を所轄税務署長に提出することを約する書類で、居住の用に供する予定時期の記載のあるもの ※住宅用家屋を居住の用に供したときには、遅滞なく登記事項証明書を提出する。

B　住宅取得等資金の贈与を受けた人で、住宅用の家屋の増改築等をする者

次に掲げる区分に応じ、下表の○を付した書類を申告書に添付します。

イ　住宅取得等資金の贈与を受けた年の翌年の3月15日までに居住の用に供している家屋の増改築等をして居住した者

ロ　住宅取得等資金の贈与を受けた年の翌年の3月15日までに居住の用に供している家屋の増改築等をしたが居住していない者

ハ　住宅取得等資金の贈与を受けた年の翌年の3月15日までに居住の用に供している家屋の増改築等が完了していない者

	イ	ロ	ハ	提出書類
①	○	○	○	住宅取得等資金の贈与を受けた日の属する年分のその贈与者に係る贈与税の課税価格及び贈与税の額その他の贈与税の額の計算に関する明細書で住宅取得等資金の贈与をした者ごとに次に掲げる事項の記載があるもの ① 住宅取得等資金を贈与により取得した日 ② 住宅取得等資金の金額 ③ 住宅取得等資金のうち、この非課税制度の適用を受ける部分の金額 ④ 住宅取得等資金の贈与をした者との続柄
②	○	○	○	受贈者の戸籍の謄本その他の書類で下記①及び②の内容を証する書類 ① 受贈者の氏名、生年月日 ② 贈与者が受贈者の直系尊属に該当すること
③	○	○	○	受贈者の住宅取得等資金の贈与を受けた日の属する年分の所得税の合計所得金額を明らかにする書類（所得税の確定申告書を納税地の所轄税務署長に提出した受贈者にあっては、その旨を記載した書類）
④	○			受贈者の戸籍の附票の写しその他の書類で下記①及び②の内容を証する書類（増改築等家屋を居住の用に供した日以後に作成されたものに限る） ① 受贈者が増改築等前に増改築等家屋に居住していたこと ② 受贈者が増改築等後に増改築等家屋に居住していること
⑤	○	○	○	増改築に係る工事の請負契約書の写しや売買契約書の写しなど、契約又は取得の相手方(家屋の敷地の用に供されることとなる又は供されている土地等の取得の相手方を含む)を明らかにする書類
⑥	○	○		居住の用に供している家屋の増改築等に係る工事が、次に掲げるいずれかの工事に該当するものであることを証する書類 A その工事が増築、改築、建築基準法第2条第14号に規定する大規模の修繕又は同条第15号に規定する大規模の模様替である場合には、建築主事から交付を受けた建築基準法第6条第1項に規定する確認済証の写し、建築主事等から交付を受けた建築基準法第7条第5項に規定する検査済証の写し又は建築士から交付を受けた増改築等工事証明書 B その工事が区分所有建物について行う次に掲げるいずれかの修繕又は模様替である場合には、建築士から交付を受けた増改築等工事証明書 ① その区分所有する部分の主要構造部である床及び最下階の床の過半又は主要構造部である階段の過半について行う修繕又は模様替 ② その区分所有する部分の間仕切壁の室内に面する部分の過半について行う修繕又は模様替（その間仕切壁の一部について位置の変更を伴うものに限る） ③ その区分所有する部分の主要構造部である壁の室内に面する部分の過半について行う修繕又は模様替（その修繕又は模様替に係る壁の過半について遮音又は熱の損失の防止のための性能を向上させるものに限る） C その工事が家屋（区分所有建物については贈与を受けた人が区分所有する部分に限る）のうち居室、調理室、浴室、便所、洗面所、納戸、玄関、廊下の一室の床又は壁の全部について行う修繕又は模様替である場合には、建築士から交付を受けた増改築等工事証明書 D その工事が家屋について行う次の規定又は基準に適合させるための修繕又は模様替である場合には、建築士から交付を受けた増改築等工事証明書 ④ 建築基準法施行令第3章及び第5章の4の規定 ⑤ 地震に対する安全上耐震関係規定に準ずるものとして国土交通大臣が定める基準

	イ	ロ	ハ	提出書類
⑦	○	○		増改築等をした家屋（増改築等家屋という。）に関する登記事項証明書 　ただし、その登記事項証明書により、その増改築等家屋が次のいずれかに該当すること（その家屋の床面積の2分の1以上に相当する部分が専ら居住の用に供されるものに限る）が明らかでない場合には、それを明らかにする書類又はその写しの提出が必要となる。 　① 一棟の家屋で床面積が50㎡以上240㎡以下であること 　② 区分所有建物でその区分所有する部分の床面積が50㎡以上240㎡以下であること ※住宅取得等資金によりその増改築等とともにその敷地の用に供されている土地又は土地の上に存する権利を取得する場合には、その「土地又は土地の上に存する権利に関する登記事項証明書」も併せて提出する。
⑧	○	○		増改築等家屋の増改築等に係る工事の請負契約書その他の書類で、その増改築等をした年月日並びにその増改築等に係る工事に要した費用の額及びその明細を明らかにするもの又はその写し
⑨		○		増改築等後直ちに居住の用に供することができない事情及び居住の用に供する予定時期を記載した書類
⑩		○		増改築等家屋を遅滞なく居住の用に供すること及び居住の用に供したときは遅滞なく④の書類を所轄税務署長に提出することを約する書類
⑪			○	増改築等をしている家屋が次に該当すること（その家屋の床面積の2分の1に相当する部分が専ら居住の用に供されるものに限る）を明らかにする工事の請負契約書その他の書類又はその写し 　① 一棟の家屋で床面積が50㎡以上240㎡以下であること 　② 区分所有建物でその区分所有する部分の床面積が50㎡以上240㎡以下であること
⑫			○	増改築等をしている家屋の増改築等に係る工事の状態が、増築又は改築部分の屋根（屋根の骨組みを含む）を有し、既存の家屋と一体となって土地に定着した建造物と認められる時以後の状態にあることを証するこの工事を請け負った建設業者等の書類で、この工事の完了予定年月日の記載があるもの
⑬			○	増改築等に係る工事が完了したとき（増改築等家屋を居住の用に供した時が工事完了の時後となる場合には、居住の用に供したとき）は遅滞なく上記⑥から⑧の書類を所轄税務署長に提出することを約する書類 ※増改築等に係る工事が完了したときは遅滞なく上記④から⑦の書類を提出する。

C　省エネ等住宅に該当する場合

　省エネ等住宅に該当し、3,000万円（平成31年1月1日から令和2年3月31日までに売買契約等の締結をした場合の特別控除額、住宅の取得等に係る対価の額又は費用の額に含まれる消費税等の税率が10%以外の場合には1,200万円）の非課税枠を利用される方及び1,500万円（令和2年4月1日から令和3年3月31日までに売買契約等の締結をした場合の特別控除額、住宅の取得等に係る対価の額又は費用の額に含まれる消費税等の税率が10%以外の場合には1,000万円）の非課税枠を利用される方は、A又はBの区分に応じた添付書類に合わせて、次のいずれかの書類の提出が必要となります。

証明書などの種類	証明対象の家屋
住宅性能証明書	① 新築をした住宅用の家屋
建築住宅性能評価書の写し	② 建築後使用されたことのない住宅用の家屋 ③ 建築後使用されたことのある住宅用の家屋（注1） ④ 増改築等をした住宅用の家屋（注2）
長期優良住宅認定通知書等の写し及び住宅用家屋証明書（その写し）又は認定長期優良住宅建築証明書	① 新築をした住宅用の家屋 ② 建築後使用されたことのない住宅用の家屋
低炭素建築物新築等計画認定通知書等の写し及び住宅家屋証明書（その写し）又は認定低炭素住宅建築証明書	

（注1）建築後使用されたことのある住宅用の家屋の場合は、その取得の日前2年以内又は取得の日以降にその証明のための家屋の調査が終了した又は評価されたものに限ります。

（注2）住宅用の家屋の増改築等をした場合に、省エネ等基準に適合させるための工事であることについての証明がされた「増改築等工事証明書」を「住宅性能証明書」又は「建築住宅性能評価書の写し」に代えることができます。

❹ 贈与税の配偶者控除

	書　　　　類	請求先	備　　　　考
①	受贈者の戸籍の謄本又は抄本及び戸籍の附票の写し	市役所 区役所	贈与を受けた日から10日を経過した日以後に作成されたもの
⑤	所有権移転登記後の登記事項証明書や贈与契約書など、受贈者が居住用不動産を取得したことを証するもの	法務局	登記事項証明書の請求先は法務局 贈与契約書は自身で作成したものなど